KB159411

정의는
불온하
다

정의는 불온하다

2016년 2월 29일 초판 1쇄

지은이 | 김비환

책임편집 | 김희중
편   집 | 김희중, 이민재
디자인 | 씨디자인

제   작 | 영신사

펴낸이 | 장의덕
펴낸곳 | 도서출판 개마고원
등   록 | 1989년 9월 4일 제2-877호
주   소 | 경기도 고양시 일산동구 호수로 662 삼성라그빌 1018호
전   화 | (031) 907-1012, 1018
팩   스 | (031) 907-1044
이메일 | webmaster@kaema.co.kr

ISBN 978-89-5769-371-1 (03300)
ⓒ김비환, 2016. Printed in Goyang, Korea.

blog.naver.com/kaema1989

정의는
불온하
다

정 의 를 보 는 눈   정의, '성장'에서 '분배'로

김 비 환 저

개마고원

머리말

　지난 몇 년 동안 정의라는 화두가 우리 사회를 지배했다. 처음에는 샌델의 책 『정의란 무엇인가?』가 시작이었다. 이 책은 폭발적인 관심을 받으며 100만 부 이상 팔려나갔다. 이 책이 짧은 기간에 베스트셀러가 된 데는 많은 요인이 있었다. 하버드 철학자의 명강의, 대통령의 공정사회 발언, 언론의 조명, 뜨거운 입시경쟁, 출판사의 마케팅전략, 약간의 지적 허영 등등. 하지만 이런 요인들만으로는 이 책에 쏟아진 관심을 다 설명하기 어렵다. 나는 우리 사회가 공정하지도 정의롭지도 않다는 널리 퍼져 있는 회의감이 정의 열풍의 가장 근본적인 요인이었다고 본다. 한국 사회는 과연 공정하고 정의로운가? 한국 사회는 매우 불공정하고 부정의한 사회는 아닌가? 정확히 언제부터인지는 몰라도 꽤 오래전부터 사람들은 이런 의문을 가슴에 품기 시작했다. 그러던 차에 던져진 "정의란 무엇인가?"라는 질문을 "한국 사회는 정의로운가?"라는 질문으로 받아들인 것이다.

정의 열풍은 우리 사회에 대한 더욱 구체적인 문제제기로 이어졌다. 대기업 오너와 경영자들이 부하직원이나 하청기업을 함부로 대하는 태도들이 '슈퍼갑질'로 일컬어지며 국민적 공분을 사고 있으며, 국회의원이나 고위 공직자들이 자신의 권력을 이용하여 자식들을 좋은 직장에 취업시키는 취업청탁 관행이 전 국민적인 비난을 사고 있다. 뿐만 아니라 취업난과 생활고에 시달리며 연애와 결혼까지 포기하기에 이른 젊은 세대들은 자신들을 이런 처지로 내몬 기성세대들의 이기심을 비난하며, 우리 사회를 '헬조선' '망한민국'과 같은 섬뜩한 용어들로 고발하고 있다. 이와 같은 문제제기는 급기야 개인의 인생이 어떤 가문에서 누구의 자식으로 태어나느냐에 따라 결정된다는 문제의식으로 발전하여 금수저/흙수저 논쟁을 일으키고 있다. 이런 문제들은 불과 얼마 전까지만 해도 거의 세간의 관심을 끌지 못했다. 하지만 이제는 세대와 연령을 초월하여 국민 다수가 주목하는 사회적 이슈가 되었다. 정의에 대한 간절한 바람이 우리 사회에 가득한 것이다.

일제의 식민통치에 이어 동족상잔의 전쟁까지 겪은 우리나라는 세계에서 가장 가난한 나라 중 하나였다. 하루하루 끼니를 이어가고 한 달 두 달 생존하는 것이 대다수 사람들의 당면 목표였다. 국가의 가장 시급한 과제는 국민의 생계를 책임지는 것이었고 따라서 경제성장이 지상목표였다. 경제성장을 가로막는 것은 국가에 대한 반역이고 국민에 대한 배신으로 간주될 정도였다. 민주주의, 자유, 정의, 이런 가치들은 국민의 에너지와 역량을 분산시키고 효율성을 저해하는 소모적인 요소로 치부되었다. 허기를 채울 수 있는 식량, 차가운 몸을 감쌀 수 있는 의복, 비바람을 피할 수 있는 집, 이런 것들은 직접 피부로 느낄 수 있는 절박한 것이었다. 반면에 민주주의, 자유, 정의와 같은 가치들은 피부로 느낄 수도 손으로 잡을 수도 없는 신기루 같았다. 가끔 그런 가치들의 중요성을 일깨운 사건들도 있었다. 하지만 대다수 사람들에게는 너무 먼 이야기였을 뿐이다.

1970~1980년대의 고도 성장기를 거치며 우리는 먹고사는 문제를 해결했다. 뿐만 아니라 선진국 수준의 경제성장을 이룩할 수 있었다. 하지만 그런 눈부신 발전 뒤에는 짙은 그림자가 있었다. '선성장 후분배'를 기조로 추진돼온 재벌 중심 자본주의는 빈부격차와 사회양극화, 정경유착, 권력형 부정부패, 지역차별과 대립, 갑을관계 등 많은 해악들을 초래했다. 1980년대에 본격화된 신자유주의 지구화는 그런 문제들을 더욱 악화시켰다. 경제성장의 혜택은 자본 쪽에 주로 몰렸으며 장기간의 고도성장에도 불구하고 수많은 사람이 빈곤의 늪에서 허우적거렸다. 일부 대기업 노조는 좋은 일자리를 지킬 수 있었지만, 다수 노동자는 열악한 노동환경을 감내하면서 불안한 처지로 일해야 했다. 직장을 잃은 수많은 사람들은 영세한 자영업의 길로 들어섰다.

그사이 대기업 경영자들의 연봉은 평사원의 수십수백 배로 치솟았다. 재벌총수와 기업의 최고경영자는 자신의 왕국을 소유한 군주가 되어 사실상 노동자들에 대한 생사여탈권까지 행사하고 있다. 공권력은 사유화되어 권력자와 그 가족의 부를 쌓는 도구가 되었다. 공교육은 유명무실해지고, 사교육이 부와 권력세습의 통로가 되었다. 1990년대 이후 불어 닥친 부동산투기 광풍은 건전한 근로의욕을 좌절시켰고, 우리 사회를 집을 가진 자와 못 가진 자의 전쟁터로 만들었다. 헌법에 천명된 인간의 자유와 평등 그리고 존엄의 가치는 법관들로부터도 홀대를 받았으며, 대다수 국민들로부터는 무관심과 조롱의 대상이 되었다. 수백 명의 생때같은 아이들의 목숨을 앗아간 세월호 참사는 개인의 생명보호보다는 경제 논리에 방점을 둔 국가안전망의 저급함을 확인시켜주었고, 이듬해 발생한 메르스 사태는 국민들에게 정부가 과연 국민을 위해 존재하는지에 대한 깊은 의문을 던져줬다.

이런 지독한 악폐와 불의에 고통 받으며 사람들은 정의로운 세상에 대한 열망을 키워나가기 시작했다. 오늘날 정의에 대한 뜨거운 관심은 우리 사회의 불공정성과 부정의함을 더 이상 참을 수 없다는 암묵적 공감대가 폭발한 것으로 보아야 한다. 어떤 사람들은 정의 열풍이 유명 외국 학자에 대한 지적 사대주의에서 비롯된 일시적인 현상이라고 냉소하기도 한다. 맞는 말일수도 있다. 하지만 이런 견해는 그 열풍의 배경에 있는 국민들의 정의에 대한 갈망과 부정의에 대한 분노를 지나치게 가벼이 여기는 것이다. 공정성과 정의를 바라는 사람들의 열망을 두고 볼 때, 정의의 문제는 앞으로 계속 제기될 수밖에 없고 또 제기되어야 한다.

그런데 정의의 실현이나 부정의의 척결이라는 과제에서 우리 사회는 한걸음이라도 더 나아가고 있는가? 불행히도 그렇다고 말할 수가 없다. 양극화는 전혀 누그러질 기미가 없고, 돈과 권력을 이용한 반칙들이 곳곳에서 횡행하고 있다. 이런 사회에서 과연 정의를 말할 수 있는가? 이대로라면 우리 사회가 정의로워지리라는 희망을 품을 수 없다. 정의에 관한 관심을 다시 한번 환기시켜, 우리 사회의 변화를 촉구할 필요가 여기에 있다.

이 책을 통해 나는 한국 사회의 개혁을 안내할 수 있는 보다 구체적인 정의 원칙을 제시해보려고 한다. 우리 사회가 과연 어떤 점에서 정의롭고 정의롭지 않은지를 더 구체적으로 평가할 수 있는 원칙들을 제시하고, 어떤 정의 원칙들에 따라 개혁할 때 정의로운 사회에 한 걸음 더 다가설 수 있을지를 탐색해보려고 한다. 그래서 우리 사회의 부정의들에 대한 지금의 국민적 분노를 정의사회를 위한 창조적 에너지로 바꾸는 데 일조할 수 있었으면 한다.

특히 이 책에서는 정의에 관한 이론과 구체적인 현실을 함께 고려하는 것이 중요하다는 점을 강조하고 싶다. 실제 현실에서의 정의가 아무리 중요하다고 해도, 정의에 관한 이론을 도외시하는 태도는 현명하지도 바람직하지도 않다. 이런 태도는 상대주의의 함정에 빠져 명백히 정의롭지 않은 상황도 얼마든지 정의롭다고 우기는 과오를 범할 수 있다.

예컨대 신분제사회에 태어난 사람은 신분제도를 정의롭다고 생각할 것이다. 또한 성차별사회에서 태어나 그곳을 한 번도 떠난 적이 없는 사람은 남성이 여성을 지배하는 것이 정의롭다 생각할 것이다. 이런 사람들은 신분제 철폐나 여성운동을 자연의 순리에 어긋난 심각한 부정의로 여길 것이다. 이렇게 자기집단 중심주의에 빠진 관점은 다원적인 현대사회에서 정의로운 사회를 이루는 데 장애가 된다. 이런 '우물 안 개구리(井底之蛙)'처지에서 벗어나기 위해서는 보편적이고 일반적인 정의 이론을 받아들여야 한다.

물론 추상적인 일반이론만을 맹신하는 태도도 경계할 필요가 있다. 그런 태도는 '프로크루스테스의 침대'와 같은 문제를 일으킬 수 있기 때문이다. 고대 아테네 교외에서 살았던 프로크루스테스라는 악한은 지나가던 행인을 붙잡아 철로 만든 침대에 눕힌 다음, 그가 침대보다 크면 자르고 침대보다 짧으면 늘여서 죽였다고 한다. 이 신화에서 유래한 '프로크루스테스 침대'라는 말은 사람이나 문화의 특수성을 고려하지 않고 특정한 기준을 억지로 적용하는 태도를 의미한다. 예를 들어, 우리나라가 보릿고개를 넘던 시절 유럽으로 유학을 가서 서구의 정의이론을 공부하고 돌아와 고위직 경제 관료가 된 사람이 있다고 생각해보자. 그가 서구의 복지국가에 적합한 정의 이론을 유일한 진리로 생각하면서 그것을 800달러 정도의 국민소득 수준을 기록하고 있었던 1970년대 한국사회에 억지로 적용하고자 했다면 어떤 일이 벌어졌을까? 그런 정책은 당시의 한국 실정과는 너무나 괴리가 컸기 때문에 모두로부터 조롱을 받았거나, (만일 실천되었다면) 국가의 경제적 몰락과 재정파탄을 초래하여 만인을 궁핍하게 만들었을지도 모른다. 이처럼 상황의 특수성이나 차이를 감안하지 않고 정의에 관한 추상적인 이론을 그대로 적용하는 태도는 프로크루스테스의 만행처럼 매우 부당한 결과를 가져올 수도 있다.

이처럼 정의에 관한 상황적 접근이 무분별한 상대주의로 빠질 위험성이 있고, 정의에 관한 일반적이고 추상적인 사고는 정의의 구체적인 모습을 보여주는 데 한계가 있기 때문에, 이론과 현실을 종합해서 생각할 필요가 있다. 나는 바로 이런 문제의식으로, 이 책에서 정의에 관한 추상적 이론과 한국 사회에 대한 구체적인 분석을 통합시켜 한국 사회에 알맞은 정의 원칙을 모색해보려고 한다.

사람들은 정의는 상식의 문제이며 따로 공부가 필요한 일이라 생각하지 않는다. 그러나 정의가 상식과 어긋나선 안 되지만 상식이 곧 정의는 아니다. 우리가 정의롭다고 생각하는 원칙들이 실제로는 아닐 수도 있다. 제목을『정의는 불온하다』로 정한 건 정의에 대한 우리의 생각을 되짚어보자는 의미에서이다.

개마고원 출판사의 권유는 이 책을 집필하게 된 계기가 되었다. 오래전부터 나는 한국 사회를 위한 전문적인 정의 이론을 집필하고 싶었다. 그러던 차에 개마고원으로부터 대중을 위한 정의 이론 입문서를 써달라는 요청이 왔다. 전문적인 연구서만을 써온 나에게는 상당한 부담이 되었다. 하지만 소수 전공자만이 읽을 게 빤한 책을 쓰기보다는 다수 일반인들이 볼 수 있는 책을 쓰는 것이 더 의미가 있겠다고 판단했다. 미력하나마 정의에 대한 관심을 불러일으키는 데 일조할 수 있기를 바란다. 이 책이 정의에 관한 일반인들의 관심을 제고시켜 바람직한 사회개혁을 위한 논의에 활력이 되고, 정의로운 사회를 향한 개혁에 조금이라도 기여할 수 있다면 나에게는 큰 영광이 될 것이다. 개마고원과 그와 같은 사명의식을 공유하게 된 것이 매우 기쁘다.

끝으로 학교 연구실보다 집에서 작업하는 것을 좋아하는 나를 위해 안방을 선뜻 내준 아내에게 특별한 고마움을 전하고 싶다. 글을 쓸 때마다 항상 도와줄 거리를 찾는 아내의 따뜻한 마음이 없었다면 이 책은 세상에 나오기 어려웠을 것이다. 언젠가는 내가 지금 서재로 사용하고 있는 안방을 아내에게 되돌려줄 날이 올 것이다.

2016년 2월에

김 비 환

차례

1장

정의란
무엇인가

지금 대한민국은 정의로운가? 이 단순하면서도 중요한 질문에 대해 대한민국 국민들은 과연 어떻게 대답할 것인가? 한 가지 확실한 것은 모든 사람들이 다 동일한 답변을 내놓지는 않으리라는 사실이다. 어떤 이들은 대한민국이 대체로 정의롭다고 주장할 것이고, 다른 이들은 오늘날 대한민국에서는 정의를 찾아보기 어렵다고 주장할 것이다. 그렇다면 어느 쪽이 더 옳은가? 대한민국이 대체로 정의롭다고 평가하는 쪽인가 아니면 정의롭지 않다고 평가하는 쪽인가? 만일 전자의 입장이 옳다면 그 근거는 무엇이며, 후자의 입장이 옳다면 그 근거는 무엇인가? 그리고 똑같은 한국 사회에 대해 이처럼 사람들의 평가가 극명히 엇갈리는 이유는 무엇인가? 혹시 평가기준 자체에 문제가 있는 것은 아닌가? 다시 말해, 양쪽 다 대한민국의 '정의'를 말하지만 각각 사용하는 정의의 개념이 다르기 때문은 아닌가?

이처럼 지금의 대한민국이 정의로운가를 묻는 질문은 몇 단계를 거쳐 결국 '정의란 무엇인가' 하는 문제에 다다른다. 대한민국이 정의로운가에 대한 판단은 궁극적으로 정의正義를 무엇이라 정의定義하느냐에 달려 있는 것이다. 그러면 과연 정의란 무엇인가? 이는 한국사회가 정의로운가의 여부를 묻는 질문만큼이나 어려운 물음으로 이 책 전체를 통해 답변될 내용이다.

하지만 이야기를 시작하는 단계에서 간단히 짚고 넘어갈 필요
가 있다.

먼저 우리는 어느 경우에 정의롭다거나 정의롭지 않다는 말
을 쓰는가? 정치인이나 재벌의 아들들이 부당하게 병역면제를
받았을 때 우리는 부정의하다고 비난한다. 독립유공자나 국가
에 큰 기여를 한 사람에게 적정한 보상이 주어지고, 친일파 같
은 민족반역자에게 벌을 줬을 때는 정의가 이루어졌다고 여긴
다. 반면 큰 잘못을 저지르고도 떵떵거리며 사는 사람을 볼 때
는 "이 세상에 정의가 없구나!"며 한탄한다. 이처럼 정의는 대체
로 어떤 행동에 대한 적절한 보상이나 벌과 관계되어 사용된다.
즉 정의는 "사회적 재화와 부담을 분배하는 올바른 원칙, 또는
공정하거나 바람직한 사회 구조나 상태"로 정의할 수 있다. 정
의의 개념을 일단 이렇게 이해하고서 그 특성을 살펴보자.

먼저 정의라는 단어는 대한민국과 같은 고유명사나 여자와
남자 같은 단어와는 차이가 있다. 대한민국은 일본이나 중국과
같은 인접 국가들과 명확히 구분된다. 그래서 대부분의 사람들
은 대한민국을 일본이나 중국과 혼동하지 않는다. 대한민국을
일본이나 중국으로 부른다면 그것은 단지 대한민국이란 용어
를 잘못 사용한 것이다. 남자와 여자라는 개념도 마찬가지다.
지극히 특이한 경우를 제외하면 누구든 남자와 여자를 명확히
구분할 수 있다. 착각하지 않는 한 남자를 여자로 부르는 일은
없다.

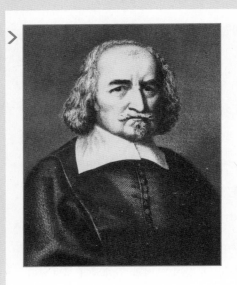

홉스는 '만인에 대한 만인의 투쟁' 상태에서는 옳고 그름, 정의와 부정의 같은 개념들이 성립할 수 없다고 생각했다. 그는 정의와 부정의의 문제는 군주가 법으로 정한 것이냐 정하지 않은 것이냐의 문제이며, 법이 없는 곳에 부정의도 없다고 보았다.

하지만 정의는 다르다. 대한민국을 정의롭다고 평가하는 사람들과 정의롭지 않다고 평가하는 사람들이 둘 다 있다. 이는 정의가 가치평가적인 용어이기 때문이다. 어떤 특정 사물이나 현상을 가리키는 용어들은 그 의미가 모든 사람들에게 똑같다. 만일 어떤 사람이 사과를 배라 부른다면 그 사람은 그저 사과와 배가 뭔지 모르는 거지, 사과를 잘못 평가하고 있는 게 아니다. 반면 어떤 사람이 현재의 한국 사회가 정의롭지 않다고 비판한 경우를 보자. 그것은 누구에게나 명확한 사실을 지적하는 것이 아니다. 다만 그 사람이 옳다고 여기는 어떤 가치나 원칙에 비추어 볼 때 한국 사회에 결함이 있다는 것을 의미한다. 그래서 그 평가가 객관적으로 옳거나 그릇되었다고 판단하기 힘들다.

정의가 가치평가적인 용어라는 사실은 어떤 행위나 상황을 정의롭다거나 정의롭지 않다고 판단할 때 주관성을 배제하기 어렵다는 사실을 말해준다. 17세기의 영국 철학자 홉스는 『리바이어던』에서 국왕을 폭군이라고 비난하는 사람들은 단지 국왕에 대한 자신의 혐오를 드러내고 있을 뿐이라고 비난했다. 자신들이 싫어하는 왕은 폭군으로, 그리고 좋아하는 왕은 성군으로 부른다는 것이다. 우리식으로 말한다면 박정희와 이승만을 좋아하는 사람들은 그들을 훌륭한 대통령이라 칭송하고 그들을 싫어하는 사람들은 독재자라 부른다는 것이다. 홉스는 정의와 같은 가치평가적인 용어들이 정치적 혼란을 일으키는 걸 막기 위해서는 그 의미를 엄밀히 정해서 써야 한다고 강조했다. 그리고 정의를 "부정의가 아닌 것"으로 규정했다.

정의는 우리의 감정을 움직인다

정의라는 용어의 또 다른 특성은 빈번히 감정적인 반응을 불러일으킨다는 점이다. 어떤 개인의 행위나 성품 혹은 사회구조를 정의롭지 않다고 생각하면 사람들은 실망이나 분개 같은 감정을 품곤 한다. 악덕 고용주가 많은 이익을 거두면서도 노동자들의 임금을 체불하고 있다는 뉴스를 들을 때 사람들은 분노한다. 상사에게는 간이라도 내줄듯 깍듯이 대하지만 부하직원에게는 폭군처럼 대하는 이중인격자를 접할 때도 사람들은 불쾌해한다. 또 청소년과 원조교제하는 성인의 이야기나 사회지도층 인사가 '빽'을 써서 자기 자식을 남들이 부러워하는 직장에 취업시켰다는 소식을 접했을 때 사람들은 분개한다. 이런 감정을 느끼는 까닭은 그 상황들이 자신들이 옳다고 여기는

(그래서 실현돼야 마땅하다고 믿는) 가치나 원칙을 침해했다고 생각하기 때문이다.

하지만 정의에 관한 판단과 그것에 수반되는 감정의 관계는 단순하지 않다. 동일한 행위나 상황을 접하는 사람들이 똑같은 감정을 똑같은 강도로 느끼지는 않기 때문이다. 누군가는 공무원이 뇌물을 받은 것을 보고 매우 심각한 부정의라고 느끼며 곧바로 분통을 터뜨린다. 반면 어떤 이들은 그것을 별로 부정의하다고 느끼지 않으며 아무런 감정의 동요도 보이지 않는다. 정의를 바라보는 시각이 서로 근본적으로 다르기 때문에, 어떤 상황이 정의로운지 아닌지에 대해 완전히 상반된 평가를 내리는 것이다.

어떤 사람이 사회를 적자생존의 원칙으로 돌아가는 공간, 예를 들어 UFC 격투기 시합이 진행되는 링과 같은 공간이라고 생각한다고 가정해보자. 그 사람은 경쟁에서 승리한 사람이 많이 가져가고 패배한 사람은 적게 가져가는 것이 당연하다고 생각할 것이다. 따라서 빈부격차는 불가피할 뿐만 아니라 정의롭다고까지 여길 것이다. 이런 사람들 중 상당수는 빈민이나 거지를 도와주는 것은 정의에 어긋나는 일이며, 오히려 게으른 사람들만을 양산할 뿐이라고 확신한다. 18세기와 19세기의 영국 지식인들이 대체로 이런 견해를 가지고 있었다. 『인구론』을 집필한 토머스 맬서스도 그중 하나였는데 그는 심지어 빈민들이 하루빨리 죽도록 내버려둬야 한다며 다음과 같은 무시무시한 제안까지 했다.

그러므로 죽음을 가져오는 자연의 작용을 헛되고 어리석게 방해하기보다는 오히려 쉽게 이루어지도록 해야 한다. 기근이라는 무서운 형태의 재난을 두려워한다면 우리는 자연을 위해 다른 형태의 파멸을 부지런히 준비해두어야 한다. 빈민에게는 청결함을 권고하지 말고, 그 반대의 습관을 장려해야 한다. 도시의 거리는 더 좁게 만들고 집집마다 더 많은 사람이 북적거리게 하고 전염병이 잘 돌도록 유인해야 한다. 시골에서는 썩은 연못 근처에 마을을 만들고, 특히 불결한 늪지대에 정착하도록 해야 한다. 그러나 무엇보다도 인간을 황폐화시키는 질병을 퇴치하려는 것을 비난해야 한다. 또 무질서를 추방하는 계획을 추진함으로써 인류에 봉사하겠다는, 자비롭지만 잘못된 생각에 사로잡힌 사람들을 비난해야 한다.

오늘날에도 극단적인 신자유주의자들은 빈민을 도와주는 것은 그들의 근로의욕을 떨어뜨려 사회 전체의 성장에 방해가 된다고 주장한다. 맬서스나 신자유주의자들의 관점에 따른다면 빈민을 돕지 않고 내버려두는 게 정의로운 일인 셈이다.

반면에, 연대의 가치와 사회정의의 중요성을 강조하는 다른 사람들은 극심한 사회양극화와 빈부격차를 접했을 때 분개하곤 한다. 대체로 평등주의를 추구하는 이들이 그렇다. 2008년 세계금융위기가 벌어졌을 때 광범위한 군중들이 월스트리트를 오랜 시간 점거하며 시위를 벌였다. 이들은 1% 대 99%로 양극화된 세계와 사회가 잘못되었으며 좀 더 인간적인 얼굴을 한 자본주의로 개혁해야 한다고 주장했다. 이처럼 정의로움에 대한 판단과 그에 수반하는 감정은 어떤 정의관을 가지고 있느냐에 따라 크게 달라진다.

정의로움에 대한 판단과 연관된 감정은 정의를 이야기할 때 빼놓아서는 안 될 요소이다. 이 감정은 정의 이론의 내용과 직결된 것은 아니지만, 정의로운 사회를 이루는 데 반드시 필요하다. 취업청탁 문제를 예로 들어보자. 오늘날 한정된 일자리를 놓고 경쟁하는 저성장 시대에 취업 문제는 초미의 관심사다. 그런 만큼 불공정한 기준으로 취업이 이루어졌다고 하면 그 문제와 별다른 관계가 없는 많은 사람들까지 함께 분노한다. 그런 분노가 있을 때 불공정한 취업청탁은 사회적 비난을 받으며 설자리를 잃는다. 그리고 공정한 채용 기준을 세우는 개혁운동도 힘을 받게 될 것이다.

하지만 사람들이 취업청탁을 불공정하다고 생각하지만 결코 분노하지 않는다면 어떻게 될까? 아마도 취업청탁 관행이 지속될 개연성이 높을 것이다. 부당함을 인지할 뿐 분노하지 않는다면, 그런 관행을 뿌리 뽑기 위한 행동에 나서지 않을 것이기 때문이다. 이처럼 정의에 대한 판단과 관련된 감정은 정의로운 사회를 만들기 위한 노력에 실질적인 에너지를 제공해준다. 감정이 섞이지 않은 판단은 공허하기 쉽다.

정의의 대상과 사회적 성격

다음으로 설명이 필요한 부분은 정의의 대상 또는 적용 영역이다. 예컨대 정의는 독립운동가나 국가유공자에 대한 포상과 반민족 행위자들에 대한 처벌에서처럼 오직 개인들에게만 적용되는가? 아니면 가족·기업·민족·국가 혹은 지역연합과 같은 집단들에도 적용되는가? 정의는 항상 인간관계나 사회적인 관계에서만 작동하는 덕목인가 아니면 ('그 사람은 참 정의로운 성격이야'라고 말하는 것처럼) 개인의 성품에도 적용될 수 있는가? 정의는 인간과 다른 존재(동식물을 포함한 모든 생태자연) 사이에는 적용될 수 없는가?[*] 정의를 좀 더 개념적으로 분명히 이해하기 위해서는 이런 의문들을 해명할 필요가 있다.

현대적인 정의 담론의 대상은 대체로 다음과 같이 정리할 수 있다. 첫째, 개인과 집단이다. 여기서 집단은 크고 작은 다양한 집단들, 이를테면 가족·기업·계급과 계층·문화집단·민족·국가·지역 연합 등을 포함한다. 둘째, 개인과 집단들의 행위로서 작위作爲와 부작위不作爲를 모두 포함된다. 셋째, 법과 사회제도 그리고 관습을 포함하는 사회적 규칙들이다. 넷째, 신분제나 계급구조와 같은 사회구조와 빈부격차나 불평등과 같은 사회의 상태다.

● **지구 환경과 정의**
오늘날 지구가 처한 심각한 환경위기를 두고 볼 때, 정의에 관한 생각의 폭을 지금보다 훨씬 더 넓힐 필요가 있다고 생각하는 사람들이 있다. 이들은 인간중심주의적인 정의관을 비판하고 정의의 대상을 모든 생태환경에까지 확장시켜야 한다고 주장한다. 하지만 이런 견해는 현대 정의론의 주요 입장은 아니다. 그 때문에 자연환경을 인간이 개발하여 사용할 수 있는 자원으로 간주하는 인간중심주의적 정의 이론가들과 생태자연을 독자적인 주체로 인정해야 한다는 환경주의자들 사이의 논쟁은 아직 큰 관심을 끌고 있지 못하다. 이 책에서는 생태환경주의자들의 문제의식에 어느 정도 공감을 표명하면서도, 세대간 정의와 지구적 정의적 정의에 대한 논의에 간접적으로만 포함시키려 한다.

첫째 대상인 개인이나 집단과 같은 행위자들과 둘째 대상인 그들의 행위를 구분하는 이유는 무엇인가? 그들의 성품과 그들이 실제로 한 행위 사이에는 분명한 차이가 있기 때문이다. 개인이나 집단은 부정의를 저지른 경우 그에 대한 응분의 대가를 치러야 한다. 하지만 어떤 개인이 억누를 수 없는 도벽 때문에 남의 집을 털 계획을 세웠지만 여러 사정상 실제로 범행에 이르지 못했다면, 이때는 그가 저지른 죄가 없기 때문에 처벌할 수 없다. 이렇듯 개인 및 집단의 행위와 그들의 성품 또는 성향은 구분해야 한다. 성품이나 성향이 나쁜 개인이나 집단은 언제라도 부정의를 저지를 수 있기에 주의를 기울일 필요가 있지만, 그들이 실제로 부정의를 저지르지 않는 한 처벌할 수는 없다.

여기서 정의는 사회적 관계에서의 문제일 뿐 개인의 성품이나 집단의 성향에 적용시킬 수 없다고 의문을 제기할 수도 있다. 하지만 이는 피상적인 생각이다. 만일 어떤 개인이 불의한 성격을 가졌다면 그는 언제든 다른 사람에게 피해를 줄 수 있으며, 어떤 민족이나 국가가 매우 배타적이며 공격적인 성향이라면 그들은 언제든 다른 민족이나 국가를 박해하거나 침략할 가능성이 높다. 정의라는 덕목은 개인과 집단의 성향에도 적용될 수 있는 것이다.

정의의 셋째 영역인 사회적 규칙들 또한 둘째 영역인 개인 및 집단의 행위와 별도로 다룰 필요가 있다. 누군가는 부정의한 사회적 규칙은 개인이나 집단이 이를 실행할 때만 문제를 발생시키기 때문에 결국 개인이나 집단의 행위로 놓고 봐도 된다고 생각할 수도 있다. 하지만 남녀차별이나 노예제도와 같이 사회적 규칙이 담고 있는 내용 자체가 명백히 부정의한 경우와, 사회적 규칙 자체는 누가 보아도 정의롭지만 그것을 불공정하게 적용하는 경우는 명백히 다르기 때문에 사회적 규칙과 개인의 행위는 구분하는 것이 합당하다.

마지막으로 정의의 형식적 특성을 짚고 넘어갈 필요가 있다. 정의는 두 사람 이상의 인간관계에서만 유효한 덕목이다. 정의는 정의롭거나 부정의한 행위를 하는 주체와 그 대상이 되는 객체, 그리고 이 둘 사이의 혜택과 부담(또는 손해)의 교환이라는 세 가지 요소를 포함하기 때문이다. 예를 들어, 어떤 강도가 지나가는 행인의 가방을 강제로 빼앗은 경우를 보자. 여기서 강도는 부정의의 주체이며 행인은 부정의의 객체고, 가방은 강도의 혜택이며 행인의 손해가 된다. 정의의 주체와 객체가 이처럼 명백하지 않은 경우에도 이 세 가지 구성 요소는 항상 잠재되어 있다.

그렇다면 정의가 사회에 적용될 때도 동일한 설명을 할 수 있을까? 다시 말해 사회정의의 영역에서는 누가 주체가 되고 누가 객체가 되며, 교환되는 혜택과 부담은 무엇인가? 혜택과 부담이 존재하는 것은 분명하다. 한 사회 안에서도 혜택을 보는 집단과 부담을 지는 집단이 나누어지기 때문이다. 부와 소득, 권력과 기회, 권리와 의무 등 다양한 재화나 혜택들은 사회적으로 분배되고 있다. 그리고 둘째 요소인 객체에 대해서도 의문의 여지가 없다. 한 사회의 활동에 참여하는 모든 사람들이 사회정의의 객체라고 할 수 있다.

그러면 사회정의의 주체는 누구인가? 먼저 사회의 구조 혹은 제도를 사회정의의 주체로 볼 수 있다. 이 말은 좀 이상하게 들리지만, 이는 단지 우리가 그런 생각에 익숙지 않기 때문이다. 사회제도나 규칙이 사람처럼 의지나 의도를 가진 것은 아니지만, 혜택과 부담의 분배에 관여하면서 사회에 속한 모든 이들의 삶에 큰 영향을 준다.

하지만 제도나 규칙은 그 자체로는 아무 기능을 발휘하지 않는다. 사회제도와 규칙의 정의로움에 대해 말하는 것은 사실상 그런 제도와 규칙을 관리하고 집행하는 사람들을 전제하고 있다. 이들은 다른 사람과 마찬가지로 사회정의의 객체이면서, 동시에 사회정의의 원칙을 실질적으로 집행하고 관리하는 주체의 역할도 수행한다. 높고 낮은 공무원들 그리고 법을 담당하는 모든 사람들이 사회정의 원칙의 작동을 뒷받침한다. 이렇게 사회정의의 영역에서는 제도와 규칙과 더불어 그것들을 집행하는 관리들이 함께 주체 역할을 한다고 볼 수 있다.

2장

정의의

보편성과

역사성

그리고 상대성

동서고금의 모든 사회에는 그 구성원들 사이에 재화와 부담을 분배하는 관행이나 원칙이 있다. 이를 지키지 않는 사람은 윤리적인 비난을 받든지 아니면 공권력의 처벌을 받게 된다. 그런 비난이나 처벌은 보통 정의라는 이름으로 이뤄진다. 따라서 가장 일반적인 의미에서 정의란 사회구성원에게 재화나 부담을 분배하는 공인된 방식이나 원칙을 의미한다고 볼 수 있다.(그 공인된 방식이 반드시 '정의로운', 즉 도덕적으로 문제없는 것은 아니다. 공인된 원칙이지만 올바른 원칙은 아닐 수도 있다.) 이런 공인된 방식이나 원칙이 없는 사회는 긴 시간 동안 안정적이기 힘들다. 재화와 부담을 분배할 때마다 어떤 방식이 옳은지를 놓고 분쟁이 발생할 것이기 때문이다. 대부분의 사회구성원이 자신에게 주어진 재화와 부담의 양이 적정하거나 공정하다는 의식을 갖고 있어야 사회질서가 안정적으로 유지될 수 있다. 정의는 바로 이를 위한 윤리적·의식적 기반이라고 할 수 있다.

정의(사회구성원에게 재화나 부담을 분배하는 공인된 원칙이라는 의미에서)는 동서고금의 모든 사회에서 발견할 수 있는 보편적 현상일 뿐만 아니라 재화와 부담의 분배와 연관된 모든 삶의 영역에서 찾아볼 수 있는 일반적인 현상이다. 전근대시대에도 군역과 세금을 부담하거나 전리품을 나눠 갖던 방식, 소유권 분쟁이나 범죄처벌을 다뤘던 재판과정, 노동의 삯을 정했던 방식, 논공행상의 관행 등 대부분의 삶의 영역에서 정의가 작동했다. 그건 오늘날에도 마찬가지다. 우리가 의식하고 있든 그렇지 않든 현재 대한민국에서 나타나고 있는 많은 현상은 이런저런 방식으로 정의와 연관되어 있다. 해마다 벌어지는 스포츠 스타들의 연봉협상, 공기업과 사기업에서 시행되는 연례적인 인사고과, 학교에서의 성적평가, 임금협상을 둘러싼 노사협상과 분규, 비정규직 노동자에 대한 처우, 대기업과 중소기업 사이의 불공정거래, 범죄에 대한 처벌, 공무원과 사원 채용에서의 연고주의 또는 특혜 시비, 대학교수들의 업적평가 등등 우리가 주변에서 보는 많은 일들은 결국 어떤 활동이나 사람에 대해 어떻게 평가하고 보상하는 게 합당한가의 문제로 귀결된다. 심지어 부모가 학업이나 결혼에서 아들과 딸을 차별적으로 지원해주는 한국 사회의 문화와 남성만이 군복무의 의무를 지는 법규 또한 정의의 문제라 할 수 있다.

사회가 어느 정도 안정성과 질서를 유지하고 사람들이 지속적인 인간관계를 유지했던 곳에서는 어김없이 정의가 존재했다. 사회질서나 인간관계를 유지하기 위해서는 재화와 부담의 분배를 위한 원칙이나 기준이 필요했기 때문이다. 이런 관점에서 보면 두 사람이 자연 상태의 열매를 함께 따거나 야생동물을 잡기 시작했을 때부터 정의에 대한 관심이 출현했다고 할 수 있지 않을까? 우연한 계기로 만난 두 원시인이 함께 채집한 과일이나 고기를 어떻게 나눠 가질지 손짓발짓으로 협상하고 있는 상황을 상상해보자. 만일 더 힘센 사람이 과일과 고기를 독점하겠다고 우긴다면 힘이 약한 상대방은 그와는 더 이상 만나지도 협력하려고도 하지 않을 것이다. 하지만 힘이 약한 사람도 수용할 수 있는 방식으로 나눠 갖는다면 (협력하는 것이 서로에게 이롭다는 것을 경험으로 깨달은 이상) 이 두 사람은 앞으로도 계속해서 협력관계를 유지할 수 있을 것이다. 그리고 이 협력관계가 정착되면서 이 둘이 채택한 분배방식이 (일종의) 정의 원칙으로 정해질 것이다.

물론 현대인의 눈으로 보면, 먼 과거에 존재했던 인간관계 양상과 분배방식들이 정의로웠다고 보기는 어려울 것이다. 힘이 세거나 높은 신분에 속하는 사람들이 좋은 것들의 큰 몫을 가져간 반면, 힘이 약하거나 신분이 낮은 사람들은 적은 몫을 가져가는 것이 일반적이었으니 말이다. 예컨대 전쟁을 하면, 안전한 자리에 있던 왕족과 귀족이 귀한 전리품의 대부분을 가져갔고 정작 큰 희생을 치룬 일반 병사들은 특권층이 남긴 약간의 토지나 전리품을 얻었을 뿐이었다.

이렇게 명백한 부정의로 보이는 분배방식이 정의로 통용됐던 이유는 무엇일까? 처음에는 보다 힘세거나 영리한 자들이 자신에게 유리한 분배 방식을 만들어 더 많은 재산을 축적했고, 그 재산과 분배방식을 지키기 위해 필요한 제도적 수단을 마련했다. 그리고 나중에는 그럴듯한 신화나 이야기를 고안해내어 그런 분배방식을 옳은 것으로 인식하도록 선전했다. 이를테면 왕은 신이나 위대한 영웅의 자손이라거나 왕위는 신이 점지해주는 것이라는 이야기들 말이다. 또한 국가가 잘되는 것은 왕의 덕이 뛰어나서라는 식으로 선전하며 불공평한 분배를 합리화해나갔다.

18세기 프랑스의 사상가 루소는 『사회계약』이

란 책에서 지배집단이 이런 조작을 통해 정의롭지 못한 질서를 유지해왔다고 비판했다. 그는 이것이 첫번째 사회계약이자 부정의한 사회계약이라 비판하고, 새로운 사회계약을 맺어 모든 개인이 다 자유롭고 평등한 존재로 참여할 수 있는 평등한 이상사회를 세워야 한다고 촉구했다.(근대사회를 연 프랑스혁명은 바로 이와 같은 루소의 사상에 토대를 두고 있었다.)

루소가 비판적인 시선으로 정의 문제에 접근했듯이, 정의가 반드시 기존의 체제를 유지하는 기능만을 수행한 것은 아니었다. 정의는 불의가 만연한 사회를 개혁하기 위한 무기로도 사용

2장 정의의 보편성과 역사성, 그리고 상대성

될 수 있고 또 실제로 그렇게 사용되기도 했다. 예를 들어 플라톤은 기원전 5~4세기경 그리스에서 유행했던 다양한 정의관의 문제점을 비판하고 모든 계급이 자신의 소질을 발휘할 수 있는 조화로운 국가를 정의로운 공동체로 제시하며 아테네의 개혁을 촉구했다. 또한 칼 마르크스는 자본주의 체제에서 정의는 자본가가 노동자를 착취하기 위한 기만술에 불과하다고 비판하고, 공산주의 사회에서만 진정한 정의가 실현될 수 있다고 주장했다.

이처럼 정의는 사회를 유지하는 보수적인 기능과 아울러 사회를 개선하는 진보적인 기능도 수행한다. 하지만 어느 경우에도 정의가 모든 사회의 보편적 현상이라는 것은 변하지 않는다. 진보세력이 사회를 개혁하려는 목적도 궁극적으로는 이상적인 정의사회를 만드는 것이다. 말하자면 현재의 정의 원칙이 그릇되다 생각하고 보다 공정한 새 정의 원칙을 세우고자 하는 것이다. 앞서 말했듯 마르크스는 자본주의적 정의를 부정했지만, 새로 도래할 이상적인 공산사회에서는 "능력에 따라 일하고 필요에 따라 분배받는" 새로운 정의 원칙이 필요하다고 생각했다. 만일 마르크스주의자들이 정의 자체를 부정한다면 그들이 추구하는 공산주의 사회도 오래 유지될 수 없을 것이다.

심지어 모든 형태의 국가와 정부를 정의롭지 못한 것으로 보는 무정부주의자도 사회가 필요하다는 것을 인정하는 한 정의의 중요성을 받아들이지 않을 수 없다. 순전히 희생과 헌신의 덕목으로 결합된 (그래서 정의가 필요 없는) 공동사회는 오직 꿈 속에서나 실현가능할 것이다.

어쩌면 유교 경전인 『예기』에 나오는 대동사회大同社會에서는 정의가 없어도 될지 모르겠다. 대동사회의 구성원은 모두 군자들이어서 내 것 네 것을 엄격히 따지지 않고 양보와 희생의 미덕을 발휘하며 조화롭게 살아갈 것이기 때문이다. 공자는 대동사회 모습을 이렇게 그리고 있다.

> 대도大道가 행해졌을 때는 천하가 공공의 것이었고 어질고 능력 있는 자를 뽑아서 신의를 가르치고 화목을 닦게 하니 사람들은 그 부모만을 홀로 부모라 여기지 않았고, 그 자식만을 자식으로 여기지 않았다. 늙은이는 편안하게 일생을 마치게 했으며, 젊은이는 다 할 일이 있었으며, 어린이는 잘 자라날 수 있었으며, 과부 홀아비 병든 자를 불쌍히 여겨서 다 봉양했다. 남자는 직업이 있고 여자는 시집갈 자리가 있었으며, 재물을 땅에 버리는 것을 싫어했지만 반드시 자기를 위해 쌓아두지는 않았다. 몸소 일하지 않는 것을 미워했지만 반드시 자기만을 위해 일하지는 않았다. 이런 까닭에 간사한 꾀가 막혀서 일어나지 못했고, 도둑이 훔치거나 도적들이 난을 일으키지 못했다. 그래서 바깥문을 여닫지 않았으니 이를 일러 대동大同이라고 한다.

하지만 대동사회에 실현된 이런 조화 역시 사회구성원들이 공정성, 공평함 혹은 상호주의와 같은 전형적인 정의 규범들을 자연스럽게 내면화해서 실천한 결과로 볼 수 있다. 대동사회도 결코 정의와 무관하지 않은 것이다.

정의의 역사성과 상대성

정의는 어느 시대, 어느 사회에 존재하던 보편적인 현상이었지만 그 구체적인 내용은 저마다 달랐다. 즉 모든 시대 모든 사회에 통용될 수 있는 정의에 관한 한 가지 관념이나 기준은 없었으며, 많은 철학자나 학자들이 저마다 자신이 살던 시대에 따라 정의에 대한 새로운 견해나 이론을 내놓았다. 만일 오래전에 정의가 무엇인지에 대해 누구나 동의할 수 있는 견해가 정해졌다면 각 시대를 대표하는 철학자들이 새삼스럽게 정의의 본질에 대한 새로운 이론을 제시할 필요가 없었을 것이다. 그저 보편적 정의 원칙을 효과적으로 실현할 수 있는 방법만 찾으면 됐을 것이다.

하지만 정의의 역사를 조금만 살펴보면 정의는 시대와 문화에 따라 그 내용이 상당히 달랐다는 것을 알 수 있다. 우리는 공자, 플라톤, 맹자, 아리스토텔레스, 아퀴나스, 이황, 홉스, 로크, 몽테스키외, 루소, 칸트, 헤겔 등 위대한 철인哲人들이 다 정의 혹은 의로움에 관한 글을 썼다는 것을 알고 있다. 20세기 후반에 하버드대학의 정치철학자 존 롤스도 『정의론』(1971)을 써

전세계에 정의론 열풍을 일으켰고, 그의 동료 철학자 로버트 노직도 정의에 관한 글을 써서 이름을 떨쳤다. 이 사실은 모든 시대 모든 사회가 정의에 대한 관심을 가지고 있었지만 정의가 무엇인지에 대한 생각은 서로 달랐음을, 다시 말해 정의에는 역사성이나 상대성이 있음을 보여준다.

유대인의 종교서이자 역사서인 구약성서에 나타난 정의의 내용은 주로 신의 뜻에 대한 거역의 응징이거나, 보복 또는 복수였다. 특히 보복과 복수의 관념은 고대 그리스와 중동 지역을 포함하여 대부분의 고대사회에서 발견되는 가장 중요한 정의관이었다. 하지만 지금은 그것들이 더 이상 지배적인 정의관으로 간주되지 않을 뿐만 아니라 심지어 부정의로 여겨지기도 한다. 신의 말씀을 어겼다는 이유로, 이를테면 동성애를 했다는 이유로 매질을 하는 것은 현대사회에서 정의가 아닌 야만으로 취급된다. 또한 원한을 품은 상대방에게 직접 보복과 복수를 한다는 관념 역시 현대사회에는 더 이상 정의의 원칙으로서 적합하지 않다.(그렇다고 개인이나 집단적인 차원에서 보복이나 복수로서의 정의관이 그 현실적 의미를 완전히 잃어버린 것은 아니다. 할리우드와 충무로에서 나오는 많은 영화는 권선징악적 복수 혹은 보복을 모티브로 삼고 있다. 이는 불의에 대한 보복 혹은 복수를 정의로 보는 관점이 아직도 건재하다는 것을 말해준다.)

시대의 변천은 완전히 새로운 정의 관념을 낳기도 했다. 예를 들어 예수는 구약성서의 응보 원칙을 사랑의 원칙으로 대체함으로써 정의를 용서와 화해의 관점에서 바라보게끔 했다. 예수는 상대방이 나의 오른쪽 뺨을 때리면 나도 그의 뺨을 치는 게 정의가 아니라, 나의 왼쪽 뺨까지 마저 내미는 것이 의로운 태도라고 새롭게 가르쳤다. 또 다른 예로, 근대사회에 자유롭고 평등한 개인들이 공정한 조건 아래 자발적으로 맺은 약속을 지키는 것을 정의로 보는 관념이 나타난 현상을 들 수 있겠다. 개인의 자유와 책임을 강조하는 근대사회는 신분상의 불평등을 당연시했던 봉건질서와는 전혀 다른 정의관을 필요로 했던 것이다.

또 19세기 이후에는 사회정의라는 새로운 관념이 등장했다. 그 이전의 정의 원칙이 주로 개인들의 행위와 관계를 대상으로 삼았다면, 사회정의의 원칙은 사회 전체의 구조나 상태의 올바름을 판단하기 위해 사용되었다. 이는 사람의 전반적인 행복과 운명은 개인의 행위나 노력보다는 사회구조나 상태에 더 많이 달려 있다는 새로운 인식이 확산된 결과였다. 이처럼 정의는 시대에 따라 그 내용이 달라지는 역사성이 있다.

정의의 내용은 같은 시대 내에서도 관점이나 가치관의 차이에 따라 달라지기도 한다. 플라톤이 쓴 『국가』를 보면 오늘날보다 훨씬 더 단순했던 그 당시에도 이미 다양한 정의관들이 유행했다는 사실을 알 수 있다. 플라톤의 시대에는 도시국가들 사이의 전쟁이 빈발했던 만큼 우리 편을 이롭게 하고 적을 해롭게 하는 것이 정의라는 견해에서부터, 약속이나 관습을 지

키는 것이 정의라는 견
해, 더 강한 자에게 이익
이 되는 것이 정의라는
견해, 진 빚을 갚는 것이
정의라는 견해, 각자에
게 마땅한 몫을 주는 것
이 정의라는 견해 등 다
양한 정의관들이 공존했
다. 플라톤 본인은 당시
유행하던 다른 정의관을
모두 비판하면서 인간의

플라톤이 『국가』에서 소
개하는 당시 사회의 여
러 정의관에는 상호주의
나 응보의 원칙 등 지금
도 통용되는 정의의 기준
들이 담겨 있다. 그 자신
은 정의를 "각각의 계급
이 자기의 직분을 완수하
고 자기 것 이상을 갖지
않는 것"이라고 보았다.

영혼이 이성의 통제 아래 균형과 조화를 이루고 있는 상태를 개
인 차원의 정의로, 그리고 국가의 세 계급*이 각자에게 적합한
역할을 수행하면서 공동선을 추구하는 상태를 국가의 정의로
규정했다. 그는 자신이 제시한 정의관은 시대와 관점의 차이를
초월해 보편성을 가질 것이라고 확신했다. 하지만 그가 바라는
일은 일어나지 않았다. 이상론적이었던 플라톤의 정의관은 세
속화된 근대사회에서는 더 이상 사람들의 관심을 끌지 못했기
때문이다.

　고대 사회에서 정의가 이미 이처럼 다양한 의미로 사용되었
다면, 그보다 훨씬 더 복잡하고 거대해진 현대사회에서 그 의미
가 얼마나 더 다양하게 이해될지 상상하기란 어렵지 않을 것이

● 국가의 세 계급
플라톤은 나라를 다스리
는 통치자, 나라를 지키
는 수호자, 일을 하는 생
산자의 세 계급이 각자
자기 역할에 충실한 것을
이상적인 국가로 규정했
다. 또한 통치자는 지혜
를, 수호자는 용기를, 생
산자는 절제를 덕목으로
삼으며, 이 세 계급이 각
자 위치를 넘어서서는 안
된다고 보았다.

다. 수많은 사상조류와 종교·문화집단이 저마다 고유한 정의관을 갖고 있다. 예를 들어 자유주의자들은 개인의 권리를 보호하고 법을 공정히 집행하는 것이 정의라고 주장하며, 고전적 공리주의자들은 사회적 총 효용—쾌락 혹은 행복—을 극대화하는 것이 정의라고 본다. 또한 공동체주의자들은 문화전통에 고유한 공동선을 보호하고 유지하는 것이 정의라고 주장한다. 사회주의자들은 능력에 따라 일하고 필요에 따라 분배하는 것이 정의임을 강조하고, 페미니스트들은 남성과 여성이 명실상부한 법적·정치적·문화적 평등을 누리는 것이 정의의 핵심이라고 목소리를 높인다. 다문화주의자들은 모든 문화의 정체성과 가치를 동등하게 인정해주는 것이 정의라고 주장한다. 한편 생태주의자들은 인간중심주의를 버리고 자연과의 호혜적인 공생관계를 이루는 것이 정의라고 강변한다. 여기에 고래로부터 내려오는 중요한 정의관들—이를테면 상호성, 응분의 몫(능력·기여·지위에 걸맞은 차별적 보상)—과 롤스가 제시한 공정으로서의 정의관 등을 덧붙이면, 그야말로 정의에 관한 현대적 시각들은 이루 말할 수 없을 정도로 복잡함을 알 수 있다. 사정이 이렇다면 정의가 무엇인지 한마디로 정의하는 것은 사실상 불가능하거나, 정의한다 해도 지극히 추상적이거나 형식적인 수준에 그칠 것이다.

정의가 하나가 아닌 이유

정의에 역사성과 상대성이 있는 이유는 각 시대와 문화마다 인간관계나 분배 구조의 올바름을 평가하기 위한 고유한 원칙들이 다르기 때문이다. 물론 어떤 원칙은 상호주의reciprocity(혹은 상호성 원칙)처럼 모든 사회에서 발견되는 보편적인 것일 수도 있지만 한 시대에 특화된 것도 있다. 예를 들어, 아리스토텔레스의 『니코마코스 윤리학』에는 덕성德性의 높고 낮음에 따라 정치적 지위를 부여해야 한다는 정의관이 등장한다. 이것은 오늘날처럼 다원적이고 평등한 사회에서는 더 이상 설득력이 없다. 하지만 당시로서는 매우 유력한 정의관으로 받아들여졌다. 빈번한 외부의 침략으로부터 사회를 지키는 한편 사회질서를 안정적으로 유지하기 위해 무엇보다 군사적 능력과 용맹 그리고 도덕적·지적 덕성에 충분히 보상해줄 필요가 있었기 때문이다. 반면에 현대사회에서는 (특정한 문화에서 중요하게 여기는) 도덕적 덕성의 높고 낮음에 따라 정치적 지위를 분배하는 것은 매우 불공정하거나 부정의한 행위로 간주될 것이다.(예를 들어 훌륭한 기독교인일수록 높은 지위를 가져야 한다고 주장한다면 어떤 반응이 나올까?) 그보다는 사람들의 현실적 필요를 잘 충족시켜주고 삶을 안락하게 만들어주는 능력을 갖춘 사람이 많은 보상을 받아야 한다는 생각이 더 잘 받아들여질 것이다. 이처럼 정의는 시대와 문화에 따라, 그리고 관점과 가치관의 차이에 따라

신분제 사회의 사회구조. 태어나면서부터 계급이 정해지고 계급간 이동이 불가능한 사회는 오늘날의 기준으로 보면 매우 불공정하고 불평등하다. 하지만 고대부터 현대에 이르기까지 여러 문화권에서는 이런 신분질서가 자연스럽고 정의로운 것으로 받아들여졌다. 정의의 모습은 이처럼 다양할 수 있는 것이다.

달라질 수밖에 없다.

정의의 역사성과 관련해 한 가지 더 생각해볼 점이 있다. 바로 각 시대별 고유한 정의관의 배경에는 당대의 지배적인 인간관이 자리 잡고 있다는 사실이다. 시대마다 인간이 자기 자신을 이해하는 방식에는 상당한 차이가 있었는데, 이런 인간관의 변화가 서로 다른 정의관의 출현에 큰 영향을 미쳤다고 볼 수 있다. 예컨대 (신과 같은) 초인적인 요인이 운명을 결정한다고 보는 문화에서는 주어진 숙명을 따르는 태도가 정의로운 것으로 간주된다. 신분 고하와 반상班常의 차별을 자연 질서의 일부로 받아들인다면, 그런 질서를 존중하고 보호하는 것이 정의로운 법이요 행위가 된다. 반대로 그런 질서를 무너뜨리거나 위협하는 행위는 부정의한 일일 것이다. 하지만 모든 인간이 자유롭고 평등한 존재로 여겨지는 문화에서는 자발적인 동의로 성립된 질서가 정의로운 것으로 간주된다. 그리고 그 질서가 더 이상 정의롭지 않다고 구성원들이 판단할 경우, 완전히 새로운 질서를 다시 짤 수도 있다. 이런 문화에서 정의는 자연이 정해준 원칙이 아니라 인간 스스로 구성하고 수정할 수 있는 원칙으로 인식된다. 사회정의라는 개념도 바로 이런 문화를 배경으로 등장했다.

마지막으로 정의의 역사적이고 상대적인 특성을 고려했을 때 한 가지 정의 이론이나 원칙만으로는 완벽히 정의로운 사회를 세우기 어렵다는 점을 명심할 필요가 있다. 20세기 후반을 지배한 롤스의 정의론도 결코 그런 역할을 담당할 수 없다. 롤스의 정의론이 제시된 지 거의 반세기가 되어가지만 현대의 정의 이론이 그의 이론을 중심으로 통합돼가고 있지는 않다. 롤스의 정의론은 그 논리적 섬세함이나 설득력에도 불구하고 여전히 많은 반대에 부딪히고 있다. 그의 이론은 보수와 진보 양측으로부터 어중간한 절충이라는 비판을 받기도 하며, 구체적인 정책을 세우는 데 요구되는 세부적인 원칙들을 생략하고 있어서 실질적인 도움이 되지 않는다는 비판도 있다. 또한 지구상에 존재하는 모든 사회에 적용될 수 있는 보편적인 이론이 아니라 비교적 풍요로운 민주사회에서나 어울리는 내용이라서, 경제적으로 낙후되거나 민주주의가 확립되지 못한 많은 지역에서는 적용하기 어렵다는 문제도 있다. 이렇듯 현대의 가장 중요한 정의 이론으로 각광을 받고 있는 롤스의 이론조차 각국의 구체적

인 상황에 적용할 수 있기 위해서는 다른 정의 이론으로 보완
되든지 크게 수정되어야 하는 한계가 있는 것이다.(롤스의 정의
론에 대해서는 12장에서 살펴볼 것이다.)

3장

정의와 부정의:

부정의는 단지

정의의

실패인가

일반적으로 부정의(혹은 불의)는 정의의 부재 혹은 실패로 인식된다.(관습적으로 정의의 반대말로 '불의'라는 말이 사용되고 있지만 이 용어는 대개 개인의 성품이나 행위의 부정의함을 가리키기 때문에 부정의에 비해 한정된 적용대상을 갖는다.) 정의가 실현되지 않은 상태가 곧 부정의라는 것이다. 많은 경우에 이런 인식은 타당하다. 축구경기를 예로 들어보자. 축구에서 심판의 정의는 경기의 규칙을 공정하게 적용하는 것이다. 심판이 어느 한 팀의 오프사이드나 핸들링을 보고도 휘슬을 불지 않는다면 이는 심각한 부정의가 발생한 것이다. 마찬가지로 똑같이 사람을 때려서 다치게 했는데, 판사가 평범한 회사원은 징역을 주고 재벌의 아들은 무죄를 준다면 이는 사법적 부정의가 발생한 것이다. 또한 기업에서 어떤 사원의 업무성과가 낮음에도 그가 대표이사의 조카라는 이유로 높은 성과급을 줬다면 이 또한 정의가 실패한 부정의다. 대통령이나 국회의원을 선출하는 과정에서 국가기관이 개입하여 특정 후보의 당선을 지원했다면, 역시 심각한 절차적 부정의가 발생한 것이다. 이처럼 부정의가 발생한 많은 상황들은 정의가 실패한 결과로 이해할 수 있다.

하지만 부정의나 불의를 정의의 실패 혹은 부재와 동일시하는 입장에는 중대한 결함이 있다. 이 입장에 따르면 정의가 온전히 실현되면 부정의는 전혀 존재하지 않는다. 그런데 만약 정의의 실패와 무관한 독자적인 부정의가 존재한다면 어떻게 해야 할까?

'부정의=정의의 실패'로 보는 이들은 이런 상황이 발생할 가능성을 부인하려 할 것이다. 하지만 이런 태도는 이론상으로는 완벽히 정의롭지만 실제로는 엄청나게 부정의한(즉 일상적 의미에서 '정의롭지 않은') 상황을 간과해버릴 수 있다. 이렇게 된다면 정의라는 개념은 사실상 현 체제를 정당화하는 이데올로기로 변질되어버린다.

가령 정의를 '각자에게 공동체에 대한 공헌의 정도에 따라 알맞은 몫을 주는 것'으로 규정해보자. 유능하고 건강한 사람은 공동체에 많이 공헌할 수 있기 때문에 많은 보상을 받을 것이다. 반대로 장애가 있거나 재능이 부족한 사람은 기여한 바가 별로 없어서 적은 보상만을 받을 것이다. 그런 분배가 쭉 이어진다면 사회는 부유한 사람들과 가난한 사람들로 나뉠 것이다. 극단적인 경우 어떤 사람은 기본적인 생계를 유지하기도 힘든 상황에 처하게 될지도 모른다. 하지만 공헌에 비례하여 보상하는 원칙을 유일한 정의 원칙으로 본다면 이 사회는 완벽히 정의로운 사회로 평가되기에 부족함이 없다. 반대로 이런 원칙 아래에서는 재분배 정책으로 극빈자들을 지원하는 것은 부정의한 행위일 것이다. 공헌이 없는 데도 보상을 주는 행위니 말이다. 이처럼 부정의를 정의 원칙의 실패와 동일시하는 입장은 극단적인 불평등마저도 정당화할 수 있는 비현실적인 정의론을 내놓을 수도 있다.

한편에서의 정의 실현이 다른 한편에서 부정의를 낳을 수 있는 예들은 얼마든지 찾을 수 있다. 미국처럼 과거에 있던 노예제도를 폐지하고 기회의 평등 원칙을 도입한 사회를 가정해보자. 미국은 모든 개인이 국가로부터 동등한 존중과 배려를 받을 권리가 있다는 원칙을 헌법의 토대로 삼고 있다. 이 말은 누구도 차별받지 않지만, 특혜를 받는 사람도 없어야 한다는 뜻이다. 하지만 흑인들은 똑같이 기회가 평등한 상황에서는 좋은 대학에 진학하기도, 좋은 직장에 취업하기도 어렵다. 흑인들은 일반적으로 교육이나 문화 소양 수준이 사회에서 요구하는 수준보다 낮기 쉽다. 이는 과거에 그들의 선조들이 받은 착취와 억압의 누적된 효과가 아직까지 영향을 미치기 때문이며, 그래서 흑인들은 출발선부터 백인들보다 불리한 처지에 있다. 그 결과 다수 흑인들이 빈곤의 악순환을 겪고 주류 백인 사회로부터 암묵적인 차별과 배제를 당한다. 이와 같은 명백한 부정의가 존재함에도 불구하고, 전통적으로 미국사회가 강조해온 능력주의 원칙에 따르면 현재의 미국은 대체로 정의로운 사회로 평가되어야 할 것이다.

이런 상황이 미국에서만 일어나고 있는 예외적인 현상은 아니다. 비교적 미국의 기조를 충실히 따라온 한국에서는 물론, 정도의 차이는 있지만 유럽의 사회민주주의 국가들에서도 유사한 현상이 발생하고 있다. 심지어 아직 사회주의 국가로 분류되고 있는 중국에서도 엄청난 부의 양극화가 기회평등과 결합된 능력주의 원칙에 따라 정당화되고 있다. 즉, 불평등이 매우 심각하다고 해도 그것이 평등한 기회 아래 능력에 따라 보상해

미국에는 인종·성별·장애·종교 등의 이유로 불리한 위치에 있는 사람들에게 대학입시·취업·승진 등에서 혜택을 주는 소수자우대 정책이 존재한다. 약자의 처지를 향상시키고 다양성을 보호하기 위한 목적으로 정당화되지만 한편으로는 역차별이라는 반론도 만만치 않다. 한국에서도 대학입시에서의 지역균형선발이나 농어촌특별전형, 여러 직종에서의 여성할당고용제를 놓고 비슷한 갈등이 벌어진다.(ⓒ미디어카툰 장재혁 작가)

준 결과로 발생했다면 전혀 부정의한 것으로 여겨지지 않는다. 하지만 한쪽에는 일반인들이 상상하기조차 힘든 초호화 생활을 즐기는 사람들이 존재하고 다른 한쪽에는 기아에 허덕이는 수많은 사람들이 존재하고 있는 사회를 과연 정의롭다고 할 수 있을까?(더구나 초호화 생활을 누리는 사람들 상당수는 능력이 있고 부지런해서 그렇게 사는 것이 아니라, 부모를 잘 만난 덕분에 그렇게 산다.) 어떤 이유로 해서 불평등이 발생했든, 우리의 일상적인 정의감각은 심각한 부의 양극화를 부정의하다고 간주하는 경향이 있다. 보통 사람이라면 누구나 이런 명백한 부정의가 존재하는 사회를 결코 정의로운 사회가 아니라고 생각할 것이다.

어쩌면 심각한 부의 불평등을 부정의로 간주하는 입장은 평등을 정의로 보는 관점을 전제하고 있다며, 여전히 정의와 무관

한 독자적인 부정의의 존재를 부인할 수도 있다. 정의의 기준을 (능력이나 공헌에서) 평등으로 바꾸면 불평등은 정의의 실패, 곧 부정의가 되기 때문이다. 하지만 이런 반론에는 두 가지 난점이 있다. 첫번째는 능력에 따른 분배와 평등한 분배라는 이율배반적인 두 정의 원칙의 타당성을 동시에 인정해야 하는 문제다. 능력주의는 평등한 분배와 대립된다. 능력주의를 채택하는 것은 결국 불평등주의를 채택하는 것과 같다. 반면에 평등주의를 지지한다면 능력의 차이와 상관없이 평등한 분배가 정당하다고 주장해야 한다. 능력주의를 견지하면서도 평등주의 정의관을 동시에 상정하는 것은 모순적이다.(이렇게 두 가지 이상의 대립적인 정의관을 동시에 수용하기 위해서는 그것들을 적절히 절충할 필요가 있는데, 이런 절충주의는 정의라는 가치의 독자적인 중요성을 훼손할 수 있다. 그럼에도 불구하고 현대 정의 이론에서는 이런 절충주의가 지배적인 추세다.)

두번째 난점은 평등을 정의로 보는 관점 자체에 있다. 평등을 정의로 본다면 부나 재화의 평등한 분배에서 벗어난 모든 상황을 다 부정의로 간주해야 할 것이다. 작은 불평등도 심각한 불평등처럼 부정의한 것은 마찬가지다. 어쨌든 평등한 상태에서 벗어나니 말이다.

하지만 이런 입장은 순수한 능력주의와는 전혀 다른 부정의를 낳을 수 있다. 사람마다 생활스타일과 선호, 취미 그리고 투자성향 등이 천차만별이기에 어느 집단에서든 부의 불평등은 자연스럽게 발생한다. 이는 모두가 완전히 평등한 상태에서 출발했다고 가정해도 마찬가지다. 동일한 자원과 부를 가지고 출발했어도 일주일 혹은 한 달이 지나면 각자가 소유한 부의 수준이 달라질 수밖에 없다. 모두가 다른 방식으로 소비하고 투자했기 때문이다. 이런 상황에서 평등으로서의 정의를 실현하기 위해 부를 평등하게 재분배한다면 과연 어떤 일이 벌어질까? 부지런한 자들이 열심히 노력하고 아껴서 벌어들인 많은 재화가 빈둥거리며 시간을 보낸 게으른 자들에게 재분배될 것이다. 더구나 평등을 계속 유지하기 위해서는 재분배가 한 번에 그치지 않고 부의 불평등이 나타날 때마다 반복될 것이다. 이런 상황을 과연 누가 정의롭다고 여길까? 이처럼 엄격한 평등주의 역시 명백히 부정의한 결과를 낳게 된다. 더구나 평등주의는 평등한 재분배에 필요한 엄청난 권력을 정부에 부여함으로써 개인의 자유를 위협하게 될 수도 있다.

정의와 상관없는 부정의들

정의가 실패한 결과로 볼 수 없는 부정의한 상황을 몇 가지 더 예시해보자. 상식적인 한 정의관에 따르면, 약속을 지키는 것이 정의이고 약속을 지키지 않는 것이 부정의이다. 이런 정의관은 대체로 유효하다. 내가 만일 한 친구와 어떤 장소에서 만나기로 약속했다면 약속을 지켜야 옳다. 또 내가 외상으로 물건을 사고 며칠 뒤에 대금을 지불하기로 약속했다면, 그 약속을 이행하는 것이 정의이고 그렇지 않은 것이 부정의이다. 그리고 정치인이 의무교육을 받는 모든 학생들에게 무상급식을 제공하겠다고 선거공약으로 내세웠다면, 당선 뒤 공약을 지키는 것이 정의고 지키지 않은 것은 부정의이다.

하지만 이런 공식이 적용되지 않은 경우도 있다. 즉, 약속을 지키는 것이 부정의가 되고 약속을 어기는 것이 정의로울 수 있는 상황도 있다. 플라톤은 『국가』에서 유명한 예를 제시했다. 어떤 사람이 친구에게 칼을 빌렸다. 이 경우 이 사람이 친구에게 칼을 돌려주는 것이 정의일 것이다. 하지만 친구가 정신착란에 빠져 자기 자신이나 다른 사람을 해칠 가능성이 높은 경우에도 칼을 돌려주는 것이 마땅한가? 플라톤은 그렇지 않다고 보았다. 이 친구에게는 칼을 돌려주지 않는 것이 옳다. 왜냐하면 그래야만 친구도 살고 다른 사람들도 해를 당하지 않기 때문이다. 이 이야기는 때로는 약속을 지키지 않는 것이 정의가 될 수 있음을 보여준다. 즉 부정의―약속을 지키지 않는 것―가 곧 정의가 될 수 있다는 역설을 보여준다.(플라톤이 제시한 예는 형식적인 정의―약속을 지키는 것―와 실질적인 정의―친구의 진정한 이익―가 충돌할 때 실질적 정의에 우선성을 두어야 한다는 주장으로 해석할 수도 있다. 형식적 정의와 실질적 정의의 관계에 대해서는 뒤에서 설명할 것이다.)

부정의를 정의가 실패한 결과로 볼 수 없는 또 다른 예를 들어보자. 홉스는 정의를 군주의 명령—곧 실정법—에 위배되지 않는 것으로 봤다. 홉스의 관점에서는 절대군주가 정한 법에 어긋나지 않는 모든 행위가 다 정의로운 것이다. 어떤 사람이 노예와 다를 바 없는 아주 일방적인 조건으로 다른 사람의 공장에 취직하기로 계약했다고 가정해보자. 법에 최저임금이나 근로시간과 같은 특별한 조건을 정해놓지 않았다면, 이 계약은 아무리 일방적이고 부당하다고 해도 정의로운 것이다. 이런 경우에는 합법적으로 엄청난 착취가 일어날 수 있음에도 불구하고 군주(혹은 국가)가 정한 법에 저촉되지 않기 때문에 정의로운 것이 돼버린다.

홉스의 정의관은 실정법을 중시하는 오늘날의 법문화에 많은 영향을 미치고 있다. 현대사회에서는 (홉스가 그랬던 것처럼) 법을 실질적인 정의나 도덕과 무관한 규범으로 인식하는 경향이 강하다. 이것은 사람들의 가치관이 매우 다양해져서 정의나 도덕의 구체적인 내용에 대해 합의를 하는 것이 어렵기 때문이다. 이런 상황에서 판사들이 법조문 이외에 자신이 신봉하는 도덕이론이나 정의 이론에 근거해서 판결을 내리게 되면 독단적이고 불공정하다는 비판을 받기 쉽다. 반면에 법이 명확히 금지하지 않은 행위들은 어떤 결과를 낳든지 다 정의로운 것으로 간주되는 경향이 있어서, 상식적으로는 부정의한 것으로 간주되는 많은 행위나 상황들도 (법에 어긋나지 않는다면) 정당한 것으로 여겨지기도 한다.

3장 정의와 부정의: 부정의는 단지 정의의 실패인가

법은 정의와 어떤 관계에 있는가? 법이 곧 정의인가 아니면 정의와는 상관없는 사회적 규칙일 뿐인가? 다원적인 현대사회에서 법을 곧이곧대로 정의와 일치시킬 수는 없을 것이다. 하지만 우리는 정의감각과 법이 일치하지 않을 때 뭔가 잘못됐다는 느낌을 받게 된다.(한국일보, 2015년 7월 29일)

여고생 제자와 성관계 교사 '형사처벌 불가' 논란

"서로 좋아서"- 제자, 처벌 원치 않아
만 13세 넘어 의제강간도 성립 안돼
동위유지 위반으로 행정적 징계뿐
"처벌 강화해 미성년자 보호를" 여론

자유주의적 정의관에 깔려 있는 자기책임의 원칙, 즉 스스로 선택한 행위에 대해서는 스스로 책임을 지는 것이 옳다는 도덕원칙도 같은 맥락에서 평가해볼 수 있다. 이 원칙은 한편으로 자유주의 사회의 일상적인 정의감각과 부합한다. 예를 들어, 어떤 사람이 상습적인 도박으로 재산을 탕진했다면 누구나 그 결과에 대해 스스로 책임지는 것이 마땅하다고 생각할 것이다. 마찬가지로 어떤 사람이 벼락부자를 꿈꾸며 주식에 투자하다 빈털터리가 되고 말았다면 누구나 자기 책임이라고 생각할 것이다. 또한 소주나 막걸리 대신에 비싼 위스키나 코냑을 마시고 국산 소형차 대신에 대형 외제차를 타야 만족하는 습성 때문에 재산을 탕진한 사람이 있다면, 그 또한 당사자의 책임이라고 생각할 것이다.

하지만 이렇게만 볼 수 없는 상황도 있다. 예컨대 한 젊은 청년이 답답하다는 이유로 헬멧을 착용하지 않고 자전거를 타다가 교통사고를 당했다고 가정해보자. 그는 뇌를 크게 다쳐 평생 다시 일어날 수 없는 불구의 몸이 됐다. 이런 경우에도 그 사람이 모든 고통을 홀로 감수하도록 놔두는 것이 옳다고 주장할 수 있는가? 물론 그 사람은 자신의 잘못된 판단으로 피해를 입었기에 책임이 없다고 할 수 없다. 그럼에도 엄격하게 자기책임의 원칙을 앞세우며, 사회가 그 사람을 전혀 도와주지 않아야 한다고 주장하는 것은 정의라는 가치에 오히려 흠집을 낼 것이다. 그런 정의는 너무 비정하다. 그런 주장은 정의의 주체인 인간의 도덕성을 하락시킬 것이다.

의도와 무관한 부정의

타인은 물론 자신에게도 그 책임을 물을 수 없는 어떤 사태로 불우한 처지가 된 사람들도 정의의 실패와 무관한 부정의의 예를 보여준다. 갑작스런 태풍피해를 입은 농민을 예로 들어보자. 태풍이 덮치기 전까지만 해도 농민들은 풍성한 벼 수확을 기대하고 있었다. 하지만 강력한 태풍 앞에 그 기대는 완전히 물거품이 됐다. 황금빛으로 물들었던 들녘은 흙탕물로 뒤덮였고 알차게 익은 벼이삭들은 온데간데없이 사라져버렸다. 일기예보를 듣고 대비했지만 자연의 엄청난 힘 앞에서는 속수무책이었다. 이 경우 이런 불행한 사태의 책임을 누구에게 물을 것인가? 합리적으로 생각해보면 농민들은 물론 그 어떤 누구에게도 책임을 묻기 어려울 것이다. 이런 불행한 상황을 일으킨 주체를 꼭 집어 말할 수 없다면, 정의가 실패한 결과라 보기도 어려울 것이다. 그렇다면 태풍으로 농민들이 처한 불우한 상황에 대해 사회는 눈을 감아도 되는가? 아마도 많은 이가 그들을 돕기 위해 성금을 보내고 자원봉사에 나설 것이다. 하지만 그게 다인가? 농민들이 처한 상황은 정의가 실패한 결과가 아니기 때문에 사회가 그들을 지원해줄 의무가 없는가?

엄밀한 자기책임의 원칙으로 보면 누구의 책임도 아닌 자연재해를 정의가 실패한 결과로 볼 수는 없을 것이다. 그럼에도 농부들이 처해 있는 고통스런 상황 자체를 (그들이 당하지 말았어야 했다는 점에서) 부당한 것으로 여기고 사회가 마땅히 그들을 도와야 한다고 주장하는 것은 그렇게 불합리하지 않다. 그들이 처한 상황은 누구 책임이냐를 떠나 그 자체가 부당하기 때문에, 사회가 집단적으로 그들을 지원할 의무를 져야 한다고 주장할 수 있다.

선천적인 장애가 있는 사람이나 불의의 사고를 당한 사람들의 처지에 대해서도 비슷한 주장을 펼 수 있다. 이들의 불행은 어떤 누구의 의도적인 행위나 잘못으로 발생한 것이 아니기 때문에 정의가 실패한 결과로 볼 수는 없다. 그렇다고 정부가 이들이 처해 있는 상황을 방관한다면, 그런 정부의 태도야말로 정의롭지 못하다고 비난받게 될 것이다.

이처럼 사람들의 일반적인 정의감각은 인간이 통제하기 어려운 요인들로 발생한 불행한 사태들도 부정의한 것으로 인식한다. 그래서 지진, 쓰나미, 홍수 나아가 사스나 메르스와 같은 전염병의 유행으로 갑자기 곤경에 처한 사람들을 사회가 도와야 한다고 생각하는 것이다.

이런 논리를 좀 더 확장시켜 자본주의 시장경제에서 실패해 빈곤에 빠진 사람들에게도 적용해보자. 자본주의체제에서 시장은 수많은 사람들의 개인적·집단적 판단과 선택을 통해 작동한다. 하지만 시장 자체가 사람처럼 판단하는 것이 아니기 때문에 시장의 의도를 따지는 건 무의미하다. 시장은 '의도적으로' 어떤 사람을 부유하거나 가난하게 만드는 게 아니다. 따라서 자본주의 사회에서 가난하게 된 것을 정의의 실패로 보기는 어렵다. 적어도 하이에크●와 노직과 같은 학자들은 그렇게 주장하며, 논리적으로도 그 주장이 틀리지 않다. 그렇지만 시장의 경쟁에서 탈락한 사람들의 곤궁한 삶을 그들이 무능한 탓으로 돌리며 방치하는 것이 과연 마땅한 일인가? 인간의 존엄성이 널리 받아들여지고 있는 현대사회에서 다수가 처한 절대 빈곤은 그 자체가 중대한 부정의로 인식되곤 한다. 적어도 상당수의 사람들은 그렇게 생각한다.

지금까지 정의의 실패와 무관한 부정의가 존재할 수 있다는 것을 다양한 예를 통해 설명했다. 현존하는 모든 부정의를 정의가 실패한 결과로 인식할 때의 문제점은 생각보다 크다. 만약 우리가 정의의 실패만을 부정의로 인식한다면, 그와 무관한 부정의가 발생했을 경우 어떤 해결책도 제시해줄 수가 없다. 많은 사람이 명백히 부정의하다고 여기는 상황조차 사회적 해결

● 프리드리히 하이에크
(1899~1992)
오스트리아 출신의 경제학자로 신자유주의의 사상적 대부로 일컬어진다. 시장경제에 대한 국가 개입의 정당성 여부를 놓고 케인스나 사회주의 경제학자들과 대립했다.

과제가 아닌 인류애나 자선의 대상으로만 남겨둘 수밖에 없다. 하지만 이런 태도는 정의에 관한 우리의 일상적인 감각과 충돌할 뿐만 아니라, 사회의 체계적인 대응이 필요한 중차대한 문제를 개인들의 자선행위에 맡겨버림으로써 상황을 더욱 악화시킬 수 있다.

정의와 부정의는 동전의 양면을 이루는 불가분리의 관계를 맺고 있는 경우가 많다. 하지만 정의의 실패와 무관한 독자적인 부정의도 존재한다. 따라서 지배적인 정의 이론의 사각지대를 커버할 수 있는 별도의 보완책을 마련할 필요가 있다. 그런 한편 이 경우 지배적인 정의 원칙과 보완적인 정의 원칙이 충돌할 가능성을 배제할 수 없기 때문에, 이 두 원칙을 조화시키려는 노력이 필요하다. 우리는 뒤에서 롤스의 차등원칙difference principle을 다루며 그런 시도를 살펴볼 것이다.

4장

정의를

분류하는

다양한 방식

앞 장에서 정의의 실패로 발생한 부
정의와 정의의 실패와 무관한 부정의를 구분하고, 적실성 있는
정의 이론을 구성하기 위해서는 정의의 실패와 무관한 부정의
에도 관심을 가져야 한다고 주장했다. 이 장에서는 먼저 이런
두 종류의 부정의에 대한 논의를 이어나가 적극적인 의미의 정
의와 소극적 의미의 정의를 구분·설명하고, 이어서 사회적 정의
와 비非사회적 정의를 구분·설명함으로써 정의의 형식적 특성
에 관한 논의를 마무리하고자 한다.

먼저 적극적 정의와 소극적 정의의 구분에는 앞 장에서 설명
한 부정의 개념이 중요한 역할을 한다. 소극적 정의는 사회에
존재하는 명백한 부정의를 시정하는 것을 주요 목적으로 한다.
여기에는 주로 정의의 실패와 무관한 부정의가 해당된다. 요컨
대 한 사회가 채택한 정의 원칙이 무엇이든 다수가 부당한 것
으로 인식하고 있는 사회적 문제들, 이를테면 빈곤이나 심각한
빈부격차와 같은 부정의를 우선적으로 해소하는 데 치중하는
것이 소극적 정의다.

소극적 정의의 대상에는 빈곤이나 심각한 빈부격차 외에도
많은 사회적 부정의들이 포함될 수 있다. 차별과 배제, 착취와
억압, 불공정한 인사와 재판, 불공정거래와 갑을관계, 취업반칙
등 누구나가 다 공감할 수 있는 중요한 부정의는 모두 소극적

정의의 대상이 될 수 있다. 물론 이런 문제 가운데 상당수는 사회가 채택하고 있는 정의 원칙을 충실히 실행하면 해결될 수 있기에 소극적 정의의 고유한 대상들은 아니지만, 이런 문제들에도 소극적 정의 개념은 유효한 접근방법을 제공한다.

하지만 소극적 정의의 주된 목표는 무엇보다 정의의 실패와 무관한 부정의의 시정 또는 완화에 있다. 이런 부정의는 사회가 채택하고 있는 정의 원칙을 충실히 이행하더라도 결코 해소할 수 없는 것들이거나, 정의 원칙을 충실히 이행한 결과로 발생한 것들이다. 한국을 예로 들어보자. 한국 사회에서는 사회주의에 대한 반감이 매우 커서 필요에 따른 분배보다는 능력에 따른 분배를 정의로운 분배의 주된 원칙으로 삼고 있다. 즉 한국에서는 대체로 능력에 따른 분배를 충실히 이행하는 것이 정의로 통한다. 하지만 이런 능력주의 정의관은 실행하면 할수록 부익부 빈익빈 현상은 더욱 심각해진다.

어떤 직업에서나 능력이 출중한 사람과 그렇지 못한 사람이 존재하기 마련이다. 만약 유능한 사람이 무능한 사람에 비해 더 많은 몫을 가져가는 것이 정의로 여기지는 사회라면(여기서 개인의 능력은 주로 기업이나 직장의 목표에 대한 기여도로 평가된다고 하자), 유능한 사람은 높은 성과급을 받을 것이다. 이런 식의 차등적 분배가 반복되면 똑같은 선에서 출발했던 사람들 사이에서도 부의 격차가 벌어진다. 게다가 여기에 상이한 직종(의사와 청소부)과 상이한 직급(최고 경영자와 하급 경비원)들 사이에 존재하는 차등 보상이 반복해서 덧붙여지면, 그 사회는 갈수록 부유한 소수와 가난한 다수로 양극화될 수밖에 없다. 그럼에도 이는 능력주의라는 정의 원칙을 지속적으로 실천한 결과로 발생한 현상이기 때문에, 그것을 근본적으로 시정하려는 시도는 정의에 배치되는 것으로, 곧 부정의한 것으로 간주된다. 이렇게 되면 능력에 따른 분배는 상식적으로는 도저히 정당하다고 볼 수 없는 엄청난 불평등까지도 정당화할 수 있다.

하지만 소극적 정의는 심각한 부익부빈익빈 현상을 시정하는 것이 바로 정의의 역할이라고 본다. 지나친 불평등은 그 원인과 상관없이 인간의 평등한 존엄성을 크게 훼손할 수 있기에 그 자체가 부정의하다고 간주하는 것이다. 이렇게 소극적 정의는 사회가 채택하고 있는 지배적인 정의관의 실패와 상관없거나 오히려 지배적인 정의관을 잘 실행한 결과 발생한 부정의를 시정하는 역할을 수행하기 때문에 교정적인 성격이 강하다.

반면에 적극적인 의미의 정의는 한 사회가 바람직하게 여기는 특정한 정의 원칙을 일관되게 실행할 때 구현되는 정의다. 한 사회가 채택한 정의 원칙이 각자에게 응분의 몫을 주는 것이든, 최대다수의 최대 행복을 이루는 것이든, 아니면 공동선을 추구하는 것이든 상관없다. 일단 그런 정의 원칙이 정해지면 그것을 성공적으로 실행하는 것이 바로 적극적 정의의 목표가 된다. 이처럼 적극적 정의는 어떤 이상을 성취하려는 특성을 갖고 있다.

금수저와 흙수저 '삶의 무게'가 다르다

능력에 따른 분배라는 정의 원칙은 부익부빈익빈의 양극화를 초래할 수 있다. 요즘 우리 사회에서 유행하는 이른바 '수저 계급론'은 그 적나라한 모습이 드러난 것으로 볼 수 있다. 격차가 '정당하게' 벌어졌다고 해도 이 정도의 불평등은 심각한 문제로, 우리의 정의감각도 이런 현상의 시정을 요구한다.(한겨레, 2016년 1월 1일)

적극적인 정의의 관점은 내부에 여러 입장을 포함하고 있다. 한 가지 정의 원칙을 일관되게 고수하는 입장도 있고, 다양한 원칙들을 적절히 결합시킨 절충주의 입장도 있다. 하지만 어떤 경우든 적극적 정의는 한 사회가 채택한 정의 원칙(들)을 공정하고 일관되게 적용할 때 달성된다.

적극적 정의와 소극적 정의의 상관성

앞에서 설명한 것처럼 소극적 정의와 적극적 정의는 지향하는 목표가 다르다. 소극적 정의는 현존하는 부정의의 시정을, 그리고 적극적 정의는 정의 원칙의 일관된 실현을 목표로 삼는다. 그렇다면 이 두 종류의 정의는 동시에 추구할 수 없는 배타적인 관계에 있는가 아니면 서로 보완적인가? 이에 대한 답변은 그리 단순하지 않다. 적극적 정의와 소극적 정의의 범위를 어떻게 설정하는가에 따라 그 관계가 달라지기 때문이다.

예를 들어, 적극적 정의가 상충하는 다양한 정의 원칙들을 최대한 수용하는 절충주의를 추구한다면(기여에 따른 분배와 필요에 따른 분배를 절충하든지 능력에 따른 분배와 평등한 분배를 절충하는 식으로), 심각한 부정의가 발생할 가능성이 낮아져서 소극적 정의의 역할이 축소될 수 있다. 이런 경우 형식적인 차원에서는 적극적 정의와 소극적 정의가 서로 배타적인 관계에 있는 것처럼 보일 수도 있다. 하지만 실질적인 차원에서는 적극적 정의의 범위가 매우 넓어지면서 소극적 정의가 다뤄야 할 부정의의 영역이 줄어들기 때문에, 적극적 정의와 소극적 정의가 동시에 증진된다.

적극적 정의와 소극적 정의가 갈등을 빚는 것은 적극적 정의를 구성하는 원칙들이 단순하고 비타협적일 때다. 즉 한두 가지 정의 원칙만을 채택하여 그것을 일관되게 적용하고자 할 때다. 이때는 한편에서의 정의 실현이 다른 편에서는 부정의를 가져올 가능성이 높다. 이러면 소극적 정의의 역할이 훨씬 더 커지면서, 적극적 정의와의 충돌 가능성이 높아진다.

예컨대 사회적 총 효용을 극대화하는 공리주의(최대 다수의 최대 행복)를 정의 원칙으로 삼은 사회의 학교를 생각해보자. 이 학교에서 소풍을 가려고 하는데, 대부분의 학생은 놀이공원에 가기를 원했다. 그런데 이 학교 학생 중에 장애인도 있는데, 놀이공원은 장애인의 입장이 금지돼 있었다. 장애 학생들은 같이 소풍을 갈 수 없는 것이다. 이 경우 소극적 정의를 추구한다면, 장애 학생들도 같이 갈 수 있도록 소풍 장소를 극장이나 박물관 등으로 바꾸면 된다. 그런데 이러면 소외받는 학생은 없겠지만, 학생들 전체의 만족은 줄어들 수 있다. 적극적 정의와 소극적 정의의 목표가 충돌하는 것이다. 이런 상황에서는 긴장상태를 유지하면서 그때그때 임시방편적인 해결책을 모색하든지, 아니면 적극적 정의의 폭을 넓혀 다른 정의 원칙을 수용함으로써 공리주의 원칙과 절충을 시도해야만 한다. 그리고 다른 정의 원칙들에 대해서도 이런 수용과정이 되풀이되면 적극적 정의와 소극적 정의의 관계는 실질적으로 상보관계가 된다.

마지막으로 적극적 정의의 범위가 대폭 축소되고 소극적 정의의 범위가 대폭 확장될 경우에는 어떤 관계가 만들어질까? 이런 경우에는 적극적 정의의 원칙이 매우 한정된 영역에만 적용되고, 사회의 다양한 부정의들을 완화시키거나 해소하는 소극적 정의가 지배적인 정의 형태가 될 것이다. 여기서 사회의 전반적인 목표는 특정한 형태의 정의사회—이상사회—를 적극적으로 달성하는 것이 아니라, 다양한 부정의가 완화되거나 해소된 상태가 된다. 특정 영역에서 실현된 적극적 정의는 사회가 특별히 추구하는 목표를 달성하기 위한 보조적인 역할에 머무를 것이다.

적극적 정의와 소극적 정의가 맺을 수 있는 세 가지 관계는 논리적인 도식이지만, 여러 현대국가들에서 그 현실적 모습을 발견할 수 있다. 미국처럼 신자유주의 기조를 취하는 국가에서는 정의 원칙이 능력과 권리를 중요시하는 성격을 가지고 있다. 이런 정의 원칙은 부의 양극화와 심각한 빈곤 문제를 일으키는 경향이 있기 때문에, 미국 사회에서의 소극적 정의는 이런 문제를 해소해야 할 것이다. 하지만 능력주의는 미국 특유의 전통—특히 프런티어정신*—을 반영하고 있을 뿐만 아니라, 자본과 미디어 권력의 강력한 지원을 받고 있기 때문에 소극적 정의가 수행할 수 있는 역할을 근본적으로 제약해버린다.

반면에 노르웨이와 스웨덴과 같은 스칸디나비아반도 국가들은 분배 문제에서 능력주의만을 택하지 않고 연대와 필요와 같은 가치들을 수용하는 절충주의를 취하고 있다. 여기서는 미국 사회와 같은 부정의가 발생할 가능성이 매우 낮아 소극적 정의가 큰 역할을 수행할 필요가 없다. 이렇듯 스칸디나비아반도 국가와 미국의 상황은 아주 다르다. 미국에서는 여러 요인으로 소극적 정의를 추구하는 것이 어려운 반면, 스칸디나비아반도 국가들에서는 소극적 정의가 적극적인 역할을 수행할 '필요'가 없는 것이다. 이 국가들은 다양한 부정의들을 시정하기 위해 오랫동안 노력해왔기 때문에, 각각의 부정의를 완화시킬 수 있는 원칙들이 적극적 정의의 원칙들에 이미 반영되어 있다.(미국 및 영국과 스칸디나비아반도 국가들 사이에 독일과 프랑스와 같은 중간적인 형태가 존재한다. 이 국가들에서는 적극적 정의와 소극적 정의가 중간 정도의 긴장관계를 형성하면서 나름의 체제를 구성하고 있다고 볼 수 있다.)

그렇다면 한국은 어떤 유형에 가까울까? 아마도 영미 유형에 더 가까울 것이다. 1990년대 말 외환위기를 맞아 IMF 관리체제에 들어간 한국은 IMF의 금융지원 조건을 충실히 이행한 결과 미국식의 신자유주의 경제체제에 훨씬 더 가까워졌다. 어느 정도 경제성장을 달성하고 복지제도 도입을 모색하는 단계에서 갑작스럽게 맞이한 외환위기로 한국 사회는 신자유주의 기조를 채택하게 됐다. 효율성과 성장에 유리하다고 여겨져온 능력주의 분배원칙이 더욱 강화되면서 성과급제와 같은 제도들을 대대적으로 도입했다. 그 결과 한국 사회는 부익부빈익빈이 심화되고 빈곤층이 늘어나는 등 소극적 정의의 역할이 더욱 커져야 할 상황에 직면했다. 그러나 한국에서도 미국처럼 정치권과 자본권력 그리고 미디어 권력이 공조하여 소극적 정의가 문제해결에 나서는 것을 대폭 제한하고 있다. 이렇듯 1990년대 말 이후 한국 사회는 영미와 같은 신자유주의 체제와 매우 비슷한 구조로 변화해왔다고 볼 수 있다.(물론 한국과 미국 사이에는 다른 근본적인 차이도 있다. 가족경영과 부자승계의 전통이 강한 한국의 기업경영 체제는 소유와 경영을 엄격히 구분하는 미국과 큰 차이가 있으며, 한국의 기업문화 또한 자조와 혁신의 정신을 강조해온 미국의 기업문화와도 많이 다르다. 또한 온갖 불법·탈법적인 방법을 동원해 전재산을 자식에게 상속시키려는 한국 부유층의 일반적인 태도와 전

재산의 0.3%만 상속하겠다고 공언한 빌 게이츠의 태도 사이에는 극명한 차이가 있지 않은가.)

사회정의와 비사회적 정의

적극적 정의와 소극적 정의처럼 정의를 목적에 따라 구분할 수도 있지만, 적용되는 영역에 따라 구분할 수도 있다. 특정한 개인들이나 집단들 사이에 적용되는 정의(비사회적 정의)와 사회 전체에 적용되는 정의(사회적 정의)를 나누고 그 차이점에 주목하는 것이다.

비사회적 정의의 원칙들도 (법과 도덕의 형식으로) 사회적 승인을 받아 작동하기는 마찬가지다. 하지만 오직 어떤 특정한 상황과 관계된 이들에게만 적용된다는 점에서 전반적인 사회구조나 상태에 적용되는 사회정의와 구분된다. 간단히 말해서 절도나 살인을 저지른 죄인을 단죄할 때의 정의 원칙과, 사회적 협력 과정을 통해 창출된 부와 재화를 분배하기 위해 도입된 정의 원칙의 성격이 같을 수는 없다. 범죄가 발생했을 때 정의는 일차적으로 관련 당사자들에게만 적용된다. 사법 과정을 통해서 절도나 강도 행위를 저지른 가해자에게는 상응하는 처벌을 내리고 피해자에게는 적절한 배상이 주어질 때 정의가 구현된다.(사법적 정의는 비사회적 정의의 대표적인 예이다.) 이처럼 비사회적 정의에서는 관련 당사자의 행위나 그 결과만이 대상이 될 뿐, 일반적인 사회구조와 상태는 관심 밖이다.

이와 달리 사회정의는 개인과 집단들이 함께 살고 있는 사회구조의 성격이나 상태를 문제 삼는다. 다시 말해, 사회구조가 모든 사회 구성원에게 공정한 기회를 제공하고 있는지, 혹은 전반적인 사회상태가 평등한지의 여부 등이 주된 관심사다. 그리고 바로 이런 특성 때문에 사회정의는 전통적인 정의 개념과 근본적인 차이가 있다. 전통적인 관점에서는 사회가 정의의 대상이 될 수 없다. 사회는 도덕적 주체, 다시 말해 자유의지를 갖고서 스스로 사고하고 판단하며 책임을 지는 존재가 아니기 때문이다.

하지만 사회정의는 1850년대 이후 꾸준히 대중적 지지를 확보하기 시작하여 20세기 후반 롤스의 『정의론』이 출판된 이후에는 거스를 수 없는 시대정신이 되었다. 진보적 정치인은 물론이고 보수적 정치인도 사회정의라는 용어를 즐겨 사용한다. 적어도 사회정의를 이야기하는 것이 자신의 정치적 입지에 도움이 된다고 생각하는 것이다. 게다가 일부 보수주의자들은 진심으로 사회정의를 추구하기도 한다.

사회정의는 정의롭다고 여겨지는 사회구조를 유지하기 위한 제도와 법규로 구성되어 있으며, 이를 구현하기 위해서는 국가의 강제력이 필수적이다. 물론 사법적 정의를 구현하기 위해서도 국가의 강제력이 필요하기 때문에 국가의 개입 여부가 사회정의와 비사회적 정의를 구분하는 절대적인 기준은 될 수 없다.

하지만 사회정의에는 반드시 국가의 개입이 있지만, 사법적 정의를 제외한 비사회적 정의(친구나 가족들 사이에서의 정의와 같은 것들)는 반드시 그렇지 않다는 점에서 국가의 개입 여부는 중요한 차별점이 된다.

사회정의는 분배적 정의로 불리기도 한다. 이는 사회정의가 사회 활동에 참여하는 모든 참여자에게 혜택과 부담을 공정하고 정의롭게 분배하는 데 주목하기 때문이다. 그리하여 다양한 분배 원칙들을 취사선택하거나 절충함으로써 사회구성원 모두가 동의할 수 있는 최선의 분배 원칙을 채택한다. 이런 맥락에서 보면, 앞에서 적극적 정의와 소극적 정의의 관계를 설명할 때 세 가지 사회체제들—영미의 신자유주의 체제, 스칸디나비아의 사민주의 체제, 그리고 그 중간 형태의 체제—은 서로 경합하는 분배 원칙을 각기 다른 방식으로 취사선택하여 조합한 체제들로 이해할 수도 있다.

이제까지 사회정의와 비사회적 정의의 차별성을 강조했는데, 둘의 연관성에 대해서도 언급할 필요가 있다. 앞서의 설명만으로는 이 두 가지 정의가 어떤 공통 기반도 없이 따로따로 존재하는 듯한 인상을 줄지도 모르기 때문이다. 이 두 가지 정의는 인간이 근본적으로 평등한 존재라는 신념을 공유하고 있다. 태어날 때부터 고귀하거나 천한 그런 인간은 없다는 것이다. 근대 사회에서는 모든 인간을 자유롭고 합리적이며 평등한 존재로 본다. 실제로 그렇지 않더라도 당위적 규범으로는 그렇다. 개인들의 관계를 규제하는 정의 원칙이든 사회구조에 적용되는 정의 원칙이든 모든 정의 원칙의 근저에는 바로 이와 같은 공통의 규범이 깔려 있다. 심지어 '눈에는 눈, 이에는 이'와 같은 응보적 정의도 기본적으로는 사람들의 평등을 전제하고 있는 것이다. 그렇기에 사회정의와 비사회적 정의는 바탕에서 근본적인 규범을 공유하면서 서로 다른 영역과 대상에 적용되는 것이라고 볼 수 있다.

5장

평등과
정의

2014년 한 국내 항공사에서 벌어진 이른바 '땅콩회항' 사건이 엄청난 이슈가 됐다. 한번 출발한 항공기가 회항하는 것은 항공기나 승객의 안전과 관련된 특수한 경우에만 허용된다. 그런데 이 사건에서는 비행기에 탑승한 해당 항공사 부사장의 일방적 지시로 회항이 이루어졌다. 그 이유는 우습게도 승무원의 기내 서비스에 대한 불만이었다. 항공기 승무원이 부사장에게 땅콩을 서비스했는데, 땅콩을 봉지째 전달했다고 부사장이 분노한 것이다. 부사장은 이런 서비스 방식이 매뉴얼에 어긋난다며 해당 승무원과 책임자인 사무장을 무릎 꿇게 하고 폭언을 퍼부은 걸로도 모자라, 사무장을 비행기에서 쫓아내겠다며 회항을 명령했다. 결국 비행기는 게이트로 다시 돌아갔고 사무장은 비행기에서 내려야 했다. 이 때문에 비행기는 예정 시간보다 11분 정도 연착했고, 250여 명의 승객들도 적잖은 불편을 겪어야 했다. 이 사건이 알려지자 당사자인 부사장과 항공사는 엄청난 비난을 받았으며, 외신에까지 떠들썩하게 소개되었다. 결국 부사장은 항공법 위반으로 기소돼 처벌을 받았다.

왜 이 사건이 큰 파장을 불러일으켰을까? 먼저 법률적으로만 보자면 그 부사장은 기내 서비스 매뉴얼 준수라는 작은 문제 때문에 그보다 훨씬 더 상위에 있는 국제 항공법을 어겼다.(게

다가 사실 '땅콩 서비스'는 매뉴얼대로 이루어졌는데 부사장이 이를 잘못 알고 있던 것이었다.) 상식적으로 생각해볼 때, 항공사 부사장이라면 국제 항공법의 가장 기본적인 항목에 속하는 회항 조건에 대해 어느 정도는 알고 있었을 것이다. 따라서 항공법 위반이라는 중대한 범죄를 저지르면서 서비스 매뉴얼의 위반을 가혹하게 처벌한 것은 지극히 모순적이다.

하지만 땅콩회항 사건이 전국민적인 공분을 자아낸 데는 이보다 더 근본적인 이유가 있었다. "아니 사람이 어찌 그럴 수가 있어" "자기가 무슨 왕조시대 공주라도 되는 줄 아나 보네" "슈퍼 갑이 따로 없어" "완전 안하무인일세" 등등 땅콩회황 사건에 빗발친 비난과 항의에는 하나의 공통적인 생각이 깔려 있었다. 그것은 그 사건에 관계된 부사장과 승무원 그리고 사무장 모두가 적어도 평등한 인간이라는 생각이었다. 가뜩이나 민주화 이후 우리 사회가 조금이라도 더 평등하게 될 것이라고 생각했던 많은 사람들의 기대가 참담하게 무너지고 있던 상황에서, 땅콩회항 사건은 한국 사회에 만연한 사회특권층의 오만과 횡포를 상징하는 장면으로 다가왔고, 그것이 전국민적인 분노로 이어진 것이다.

땅콩회항 사건을 보면서, 사람들은 우리가 명목상으로는 평등한 민주사회에 살고 있지만 실제로는 준봉건적인 신분제 사회에 사는 것과 무엇이 다르냐는 자괴감과 분노를 표출했다. 사실 이는 우리 사회의 과거 가치와 현재 가치가 충돌한 사건이었다. 이제까지 헌법이나 규범적 원칙 속에서는 평등이라는 가치가 존재해왔지만 실제 기업문화에서는 죽은 것과 다름이 없었다. 그러다 사람 사이의 평등이 명백히 짓밟히는 땅콩회항 사건이 벌어지자 온 국민의 공분을 통해 평등이란 가치가 존재감을 드러낸 것이다.

우리 사회에 평등이란 가치가 이식되어 모든 인간관계 속에서 어느 정도 살아 움직이는 가치로 성장하기까지는 적지 않은 시간이 필요했다. 조선시대 광해군 때 허균이 쓴 소설 『홍길동전』과 19세기 중반 동학혁명에도 토속적인 평등사상이 들어 있기는 하다. 하지만 20세기 이전까지 평등이란 가치는 주로 소수의 체제비판적인 사람들의 의식 속에서만 존재했다. 1948년 선포된 대한민국 헌법에 "모든 국민은 법률 앞에 평등"함이 명시됐지만 그것이 사회의 특권층을 포함한 모든 계층의 의식과 태도에 스며드는 데는 더 많은 인내와 희생이 필요했다. 이후 1960년 4·19혁명, 1980년 광주민주화항쟁, 1987년 6월민주항쟁 등은 한국 사회에 평등의식을 확산시킨 중대한 계기를 제공했으며 최근에 와서는 비로소 평등의식이 모든 사회개혁의 규범적 토대로 작동하기 시작했다.

언뜻 사소한 오해가 계기가 되어 발생한 해프닝에 불과해 보이지만 땅콩회항 사건이 중요한 것은 바로 이와 같은 맥락에서다. 그것은 우리의 헌법과 의식 속에서만, 그리고 제한된 인간관계에서만 존재해왔던 평등이란 가치가 마침내 사회 전반에 살아 숨쉬기 시작한 시대가 왔다는 것을 알린 상징적인 사건이었다.

평등은 왜 중요한가

그렇다면 평등이 실질적으로 우리 사회의 보편적 가치가 되어가고 있다는 사실과 정의 현상 사이에는 무슨 연관성이 있는가? 평등이 곧 정의라는 것인가? 그래서 우리 사회가 더 평등해져가고 있기 때문에 더 정의로워지고 있다는 것인가? 이런 질문에 답변하기 위해서는 평등이라는 가치가 정의와 맺고 있는 관계를 좀 더 깊이 들여다봐야 한다.

평등과 정의의 관계를 이해하기 위해서는 불평등한 신분제 사회에서 정의로 통했던 것들이 무엇이었는지 생각해보면 도움이 된다. 신분제 사회에서는 타고난 신분의 불평등이 다른 불평등들의 궁극적인 기반으로 작용한다. 예를 들어 신분제 사회에서는 고위 관직에 등용될 수 있는 자격이 특정한 신분에만 주어졌다. 그래서 아무리 능력이 뛰어나도 특권계급이 아니면 아예 관직에 나아갈 수 없거나 말단 직책만 맡을 수 있을 뿐이었다. 이런 사회에서도 능력주의는 존재했지만, 근본적으로 신분제의 제약 아래서만 작동했다. 다시 말해, 신분이 미천한 사람은 아무리 능력이 뛰어나봤자 인정받을 수 없었다.

이런 사회에서는 하늘이 신분을 정한다고 여기기 때문에 신세를 한탄해봐야 소용이 없었다. 그런 한탄은 하늘의 뜻을 거스르는 태도로 간주되어 오히려 도덕적으로 불손하다는 비판을 받을 뿐이었다. 허균의 『홍길동전』에서 주인공 홍길동은 서자라는 신분 때문에 높은 벼슬길에 오를 수 없고, 제대로 된 자식과 동생으로 취급받지 못하는 스스로의 신세를 이렇게 한탄했다.

> 대장부가 세상에 나서 공자와 맹자를 본받지 못할 것 같으면 차라리 병법을 외워 대장의 증표를 허리에 차고 동쪽과 서쪽을 정벌하여 나라에 큰 공을 세우고 이름을 만대에 빛냄이 대장부의 일이라. 옛 사람이 이르기를 왕후장상이 씨가 없다 하였으니 나를 두고 이르는 말인가. 가난하고 보잘 것 없는 백성도 아버지를 아버지로, 형을 형으로 부르는데 나만 그러지 못하니 심장이 터질 것 같구나.

그러나 이런 홍길동의 한탄에 그의 아버지는 "재상집 천한 소생이 너만이 아닌데 어찌 이리 버릇없이 구느냐? 다시 이런 말을 하면 용서하지 않으리라!"며 일갈할 뿐이었다.

이렇듯 조선 시대에서 지배적인 정의 관념은 불평등한 신분제 사회를 유지하기 위한 역할을 담당했다. 홍길동이 대변한 체제개혁적 정의관은 인정받을 수 없었다. 양반이 중심이 된 유교 사회를 꿈꾸었던 사람들에게 정의—혹은 의로움—는 무엇보

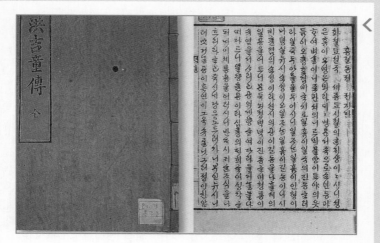

다 유교적 가치와 질서를 보존하는 데 있었다. 천명天命에 따르는 것이 인간의 도리라는 이념으로 뒷받침된 삼강오륜 예법이 모든 인간관계를 규제하는 근본이 되어 유교적 정의를 구현했다. 반면에 유교사회에서 소외되고 배제된 홍길동과 같은 사람들은 유교적 신분제 질서가 부당하다고 생각했다. 그들은 유학자들이 정의롭다고 내세운 사회규범이 사실은 기득권층만을 위한 것이라고 생각하며 그런 특권이 사라진 이상사회를 염원했다. 하지만 조선의 현실을 개혁할 수 있는 힘과 수단을 가지고 있지 않았기 때문에 율도국이란 가상의 이상세계에서나 위안을 찾을 수 있었다.

조선시대와 같은 신분제 사회에서 지배적인 정의관이 수행한 역할을 살피는 것은 평등한 사회에서 정의가 수행하는 역할을 이해하는 데도 도움이 된다. 신분제 사회에서의 정의가 신분제가 유지되는 데 기여했듯이, 평등한 사회에서는 정의가 평등이란 가치를 반영함으로써 장기적으로 평등한 사회와 문화가 유지돼가는 데 기여한다. 물론 평등은 정의와 마찬가지로 매우 복잡하고 모호한 개념이라, 사람마다 다른 해석을 담아 사용할 수 있다. 어떤 사람은 평등을 도덕적·인격적 평등의 의미로 사용하며, 어떤 사람은 물질적 평등 혹은 단순한 기회의 평등으로 사용하기도 한다. 이처럼 평등을 추구하는 정의관들이라 해도 그 구체적인 내용은 저마다 크고 작은 차이점이 있다. 중요한 점은 현대의 평등주의 문화에서는 어떤 정의관도 평등이라는 가치를 반영하지 않고서는 지배적인 정의관이 될 수 없다는 사실이다.

그런데 이런 의문을 제기해볼 수도 있다. 노직 같은 학자는 재산권 등 개인의 권리를 존중하는 것이 정의이며, 개인들의 권리가 존중된다면 어떤 불평등도 부정의하지 않다는 논리를 펼쳤는데 이 또한 평등주의로 볼 수 있을까? 이건 불평등주의가 아닐까? 하지만 이는 피상적인 이해이다.

노직은 인간을 자율적인 능력이 있는 존엄한 존재로 생각했다. 그에 따르면, 개인에게 권리가 필요한 이유는 바로 이와 같은 인격적·도덕적 평등을 보호하기 위해서다. 개인의 평등한 권리를 존중해준 결과 우연히 불평등이 발생했다면 그 불평등은 정의가 잘 지켜진 결과이기 때문에 부정의한 것이 아니다. 예컨대 두 명의 한국 사람이 똑같은 액수의 돈을 가지고 미국으로 이민을 가서 새롭게 정착한 상황을 가정해보라. 이들은 비슷한 교육을 받고 비슷한 능력을 갖고 있으며, 미국 헌법이 보장하는 동등한 기본권을 누리고 있다. 그런데 한 사람은 자신의 선택에 따라 슈퍼마켓을 차려서 성실히 노력한 결과 큰 부자가 되었고, 다른 사람은 대박을 꿈꾸며 라스베가스의 카지노에서 도박을 즐기다 거지 신세로 전락했다. 이 두 사람 사이에 발생한 엄청난 부의 격차는 동등한 권리를 서로 다르게 사용한 결과로 발생했다. 노직은 두 사람의 선택에 따른 불평등한 결과를 강제로 교정하는 것은 오히려 두 사람 사이의 평등성을 무시하는 행위라고 봤다. 그건 사실상 어떤 이가 다른 이보다 우월하거나 열등함을 인정하는 것이라고 말이다. 세간의 오해와 달리 노직은 결코 불평등을 옹호하지도 불평등이 필요하다고 보지도 않았다. 다만 그런 불평등을 모든 개인의 도덕적 평등을 존중하고 보호해주는 과정에서 우연히 발생한 부산물로 본 것이다.

이처럼 자유지상주의의 이론적 대부로 알려진 노직의 정의 이론도 평등이란 이상을 바탕에 깔고 있는 걸 보면, 평등한 결과를 지향하는 정의관은 물론 공정한 경쟁을 지향하는 다른 정의관들도 모두 평등이라는 이상을 바탕에 깔고 있다고 볼 수 있다. 자유주의와 민주주의가 동시에 발전한 현대사회에서 평등이 (자유와 더불어) 보편적인 가치로 자리 잡은 결과다.

앞에서 지적한 것처럼 평등은 매우 다의적으로 해석될 여지

가 있다. 하지만 적어도 평등이란 이상의 중요성에 대해서는 어떤 정치세력도 부정하지 않는다. 현실적으로는 많은 불평등이 존재하지만 적어도 당위적으로는 대부분 평등이란 가치를 지지한다. 물론 일부 극렬한 민족우월주의자나 파시스트들은 여전히 어떤 인종이나 민족은 선천적으로 열등하다고 주장한다. 하지만 그들은 수적으로 매우 적으며, 인간의 도덕적 평등을 전제하고 있는 헌법규범을 통해 엄격히 통제되고 있다.

이와 같이 현대적인 정의 이론들은 모든 개인의 평등을 전제하고 있다. 다시 말해 특정한 부류의 인간을 다른 부류의 인간보다 본성적으로 우월한 존재로 전제하지 않는다. 만약 인간의 불평등성을 전제하고서 정의 이론을 내놓는다면, 거의 모든 사람들이 받아들이지 않을 것이다.

그렇지만 현대 정의 이론들은 평등이란 가치 혹은 이상을 전제하면서도 한편으로 각기 전혀 다른 내용의 정의 원칙을 제시하고 있다. 이는 평등이라는 개념 자체가 모호하고 다의적인 데다 이를 해석하고 받아들이는 관점 혹은 사회비전에 차이가 있기 때문이다. 평등과 정의가 맺고 있는 관계의 복잡성을 이해하기 위해서 이 말의 의미를 우리 사회를 배경으로 좀 더 검토해보자.

정의와 평등의 다의성

지금 우리 사회에서 인간이 본래 불평등한 존재라고 주장할수 있는 사람이 얼마나 있을까? 친한 친구나 지인들 사이에서는 그런 말을 주고받을 수도 있을 것이다. 그리고 태어났을 때부터 사회적 격차가 벌어지는 사실을 지적하면서 인간이 본래불평등한 존재라고 말할 수는 있을 것이다. 하지만 그런 현실적인 불평등을 지적하는 말과 인간이 '본래' 불평등하다는 말은전혀 다른 의미다. 사람들이 소유하고 있는 재산상의 불평등과사회적·정치적 지위의 불평등은 아무도 부인하지 못한다. 또한그런 불평등은 사회질서를 유지하기 위해 불가피하기도 하고때로는 바람직한 면도 있다. 하지만 이런 종류의 불평등은 인격의 불평등성과는 아무런 상관이 없다. 만일 불평등이라는 용어를 인격적 혹은 도덕적 불평등의 의미로 사용한다면 재산이나정치적 지위의 불평등을 언급할 때의 반응과는 완전히 다른 반응이 나올 것이다.

예를 들어 가난한 사람은 부자에 비해 많은 경우 불평등한 상황에 있다. 집도 더 형편없을 것이고, 먹고 입는 것도 열악할 것이다. 물론 이런 불평등이 정당한 이유로 발생했다면, 그리 큰 반발이 생기지는 않는다. 하지만 경제적 불평등이 인격적·도덕적 불평등으로까지 이어졌을 때는 다르다. 부자가 가난한 자보다 더 가치 있다고 말할 수 없으며, 따라서 부자라고 가난한 사람을 무시할 권리는 없다. 그런데 단지 부자라는 이유로 가난한 사람을 업신여긴다면 이는 당사자뿐만 아니라 다른 사회구성원들의 분노까지 불러일으킬 것이다. 어느 아파트에서 한 주민이 경비원을 인격적으로 모독하여 큰 논란이 일어난 적이 있었다. 이 주민은 평소에도 막말과 삿대질로 경비원을 대했다. 작은 일에도 온갖 트집을 잡아가며 괴롭혔다. 심지어 어떤 때는 아파트 위층에서 밑에 있는 경비원에게 빵을 던지며 먹으라고까지 했다. 모욕을 견디다 못한 경비원은 스스로 목숨을 끊었다. 당연하게도 인간에 대한 이런 모독은 세상의 공분을 일으켰다.

땅콩회항 사건의 사회적 파장이 그토록 컸던 이유도 항공사 부사장의 행위가 현대 민주주의 문화에 스며 있는 인격적 평등이라는 근본 가치를 심각히 훼손했기 때문이다. 이처럼 평등/불평등이란 개념은 어떤 경우에는 인격적·도덕적 평등/불평등이라는 의미로, 다른 경우에는 물질적 평등/불평등이라는 의미로 사용된다.

하지만 이것만이 평등/불평등의 전부인가? 그렇다면 평등과

정의의 관계는 그렇게 복잡하지 않을지 모른다. 하지만 평등은 그보다 훨씬 더 다양한 의미를 담고 있다. 예를 들어, 고전적 자유주의자들—존 로크, 애덤 스미스, 제러미 벤담 등—은 평등을 일차적으로 '기회의 평등'으로 이해한

개인간의 물질적인 격차 자체는 큰 불만을 불러일으키지 않지만 그것이 인격적인 무시로까지 이어지면 사람들은 분노하게 된다. 최근 논란이 된 상류층의 '갑질'과 안하무인은 인간의 평등한 존엄성을 짓밟는 사건들이었다.(ⓒ미디어카툰, 장재혁 작가).

다. 이때의 평등은 매우 피상적이고 현상적인 차원의 것으로, 어떤 신분이나 성별로 태어나든 사회적 재화와 지위를 차지할 수 있는 경쟁에 자유롭게 참여할 수 있는 동등한 기회를 의미한다. 귀족이든 평민이든 천민이든 상관없다. 부자든 가난하든 영리하든 미련하든 상관없다. 누구나 경쟁에 참여해 그것을 획득할 수 있는 기회를 갖고 있다는 의미에서 모두가 평등한 것이다.

하지만 사회주의자들은 이런 부류의 평등은 형식적인 평등에 불과하다고 비판했다. 예컨대 신분제 사회의 평민에게 관료시험을 볼 자격을 준다 한들 그들은 일하느라 바빠 공부할 시간이 없는데 무슨 의미가 있겠느냐는 것이다.(마찬가지로 가난한 사람에게도 고가의 타워팰리스 아파트를 구입할 수 있는 자격이 있다고 해도 실제로 그것을 살 능력이 없는데 무슨 의미가 있겠는가?) 그

리고 실질적인 결과적·물질적 평등이야말로 진정한 평등이라고 주장했다.

이 두 가지 평등 사이에 '공정한 기회평등'이 있다. 이 평등 관념은 누구든 똑같은 출발선에서 시작할 수 있게 한다면, 이후 노력이나 능력의 차이 때문에 발생한 불평등은 정당하다는 것을 의미한다. 구체적인 예를 들어보면, 가난한 집안의 자식이든 부잣집 자식이든 상관없이 모두가 동등한 고등학교 교육을 의무적으로 받도록 한 다음에 (그리고 원할 경우 대학교육도 저렴하게 받을 수 있도록 지원한 다음에), 공직이나 좋은 기업에 취직할 수 있는 동등한 기회를 제공해주는 것이다. 이 평등관은 경쟁의 공정성은 최대한 보장해야 하지만, 그 결과까지 평등하게 만들어주는 것은 옳지 않다는 중간 입장에 있다. 이처럼 평등은 그것을 사용하는 사람의 이해관계와 가치관에 따라 그 의미가 달라지는 논쟁적인 개념이다.

그러므로 현대 정의 이론의 공통된 토대가 평등이라고 해도, 그 이론들이 비슷한 내용의 정의 원칙을 가지고 있을 것이라고 예상해서는 곤란하다. 요컨대 현대 정의 이론들이 평등이란 가치를 전제하고 있다는 사실은 단지 근본적인 의미에서 인간은 도덕적으로 평등하다는 추상적 원칙을 공유하고 있음을 말할 뿐이다.

평등과 정의가 관계를 맺는 방식

정의 이론에서 평등이 작용하는 방식 또한 다양하다. 어떤 정의 이론에서는 평등이 정의의 직접적인 기준을 제공한다. 사회주의적 정의 이론이 대표적이다. 여기서 정의의 목표는 중앙정부가 사회적 재화와 부담을 직접 분배하여 물질적으로 평등한 사회를 만드는 것이다. 하지만 다른 정의 이론에서는 평등이 정의의 직접적인 기준으로 작용하지 않고 간접적으로 관여한다. 예컨대 자유주의 정의 이론에서 정의는 '정당한' 불평등만이 있을 때 실현된다. 자유주의자들은 모든 개인이 도덕적으로 평등하다고 생각하지만 사회주의적 평등을 정의라고 생각하지 않는다. 그들은 공정한 조건에서 개인의 판단과 선택에 따라 발생한 결과의 불평등은 정당한 것으로 받아들인다. 이처럼 자유주의적인 정의 이론은 불평등이 정당화될 수 있는 조건을 제시함으로써 평등이란 가치를 간접적으로 반영한다. 즉 '정당한 불평등'의 조건을 확립하는 것이 자유주의 정의 이론의 핵심과제가 된다.

평등주의는 정의 원칙으로 구현되기도 하지만, 그런 원칙들을 세우는 절차 속에 반영되기도 한다. 모든 개인이 다 자유롭고 합리적이며 평등한 존재라면, 사회적 협력의 규칙 혹은 정의 원칙을 구성할 때도 함께 참여해 각자의 입장을 동등하게 반영해야 할 것이다.

그렇다면 어떤 원칙이라야 모든 사람이 동의할 수 있을까? 첫번째로 고려해야 할 것은 모든 참여자에게 그 혜택과 부담이 골고루 돌아가야 한다는 점이다. 만일 어떤 정의 원칙이 특정한 개인이나 집단에게만 혜택을 몰아주고 다른 쪽에는 부담만 지우는 형태라고 가정해보자. 혜택을 받는 쪽은 반길지 모르지만 다른 모든 이들은 그런 원칙을 거부할 것이다. 따라서 어떤 개인이나 집단도 사회협력의 혜택과 부담을 나누는 과정에서 배제되지 말아야 한다는 조건이 충족되어야만 모든 참여자가 그 원칙을 받아들일 수 있을 것이다. 이를 '불편부당성' 명제라고 부른다. 인간의 도덕적 평등 명제와 불편부당성 원칙은 사회의 정의 원칙은 물론 그 원칙을 구성하는 절차에도 반드시 반영되어야 한다.

인간의 도덕적 평등 명제 및 그로부터 나오는 불편부당성 명제는 다양한 시도에 반영되어 있다. 특히 롤스와 위르겐 하버마스*의 시도가 대표적이다. 롤스는 자유롭고 평등한 개인들이 정의 원칙을 구성하게 되는 공정한 조건을 '원초적 상황original position'이라 불렀다. 그와 동시에 원초적 상황에 참여한 대표자들이 자기들에게만 유리한 정의 원칙을 선택할 수 없도록 '무지의 베일veil of ignorance' 뒤에 자리하는 것으로 가정했다. 이 무지의 베일은 자신이 어느 집안인지 심지어 어떤 인종인지조차 알지 못하게끔 눈을 가리는 가상의 장치로, 이런 베일 뒤에 있는 사람은 어느 한쪽에 유리하지도 불리하지도 않은 원칙을 채

● 위르겐 하버마스와 심의민주주의(deliberative democracy)

심의민주주의는 숙의민주주의라고도 하며 어떤 주제나 안건에 대해 투표를 하기 전에 구성원들이 충분히 깊게 논의하고 토론하는 과정을 중시하는 민주주의 형태다. 그런 숙의 과정을 거칠 때 다수결 민주주의의 단점에서 벗어날 수 있으며 결과가 보다 정당성을 가질 수 있다는 것이다. 하버마스는 그런 관점에서 시민들이 민주적으로 의사소통할 수 있는 '공론장(public sphere)'의 역할을 중요시했다. 그는 "민주주의의 역동성은 토론적 정치참여에 있다"라고 주장하기도 했다.

택할 수밖에 없다. 그리하여 이렇게 선택된 정의의 원칙은 모든 당사자가 타당한 정의 원칙으로 인정할 수 있을 것으로 보았다. 롤스는 자신의 이런 정의 이론을 공정으로서의 정의라고 명명했다.

하버마스 또한 롤스와 유사한 방법으로 자유민주주의 사회의 근본 규범—즉 헌법—을 정당화했다. 그는 모든 사회구성원을 사회협력의 평등한 일원으로 존중해주는 절차적 조건—심의민주주의 조건—을 상정하고, 이런 절차를 통해 합의된 규범만이 도덕적 정당성을 가질 수 있다고 생각했다. 그런 절차에서 나온 정의 원칙에는 자연스럽게 인간의 도덕적 평등과 불편부당성이 반영돼 있기 때문이다.

차이와 평등

인간의 도덕적 평등 명제와 불편부당성 명제는 평등한 개인들 사이에 존재하는 차이의 문제에 대해 단일한 해결책이나 해결방향을 지시해주지 않는다. 대부분의 사람들은 모든 인간이 인격적으로 평등하기 때문에 그들을 평등하게 존중해야 한다는 데 동의할 것이다. 하지만 평등한 사람들 사이에 존재하는 다양한 차이들을 어떻게 다뤄야 하는가? 이를테면 체력·지력·덕성·성격·외모·노력·성·인종·사교성·필요 등등이 다 각자 다른데 이들을 똑같이 취급할 수 있는가? 그들을 평등한 존재로 대우해주어야 한다는 원칙이 너무나 중요하기 때문에 모든 차이를 무시하고 모두에게 동등한 몫을 주어야 하는가? 아니면 모든 사람들은 인격적·도덕적으로 평등하기 때문에, 남보다 더 많은 노력을 기울이고 더 탁월한 능력을 갖고 있는 사람에게 그에 합당한 몫을 주어야 하는가?

여기 두 명의 고등학생이 있다고 가정하자. 한 학생은 근면하고 성실해서 3년 동안 열심히 공부했다. 반면에 다른 학생은 같은 기간에 빈둥거리며 놀기만 했다. 누가 좋은 대학에 들어가는 것이 공정한가? 대부분의 사람들은 열심히 노력한 학생이 좋은 대학에 들어가는 것이 공정하다고 생각할 것이다. 이 두 학생이 인격적으로 평등하기 때문에 똑같이 좋은 대학에 들어가야 한다고 주장한다면, 그것은 오히려 열심히 노력한 학생의 인격을 존중해주지 못한 부당한 처사로 간주될 것이다.

다른 예를 들어보자. 신분제와 노예제도 그리고 남녀차별이 없는 완전히 평등한 사회를 가정해보자. 그런데 이 사회는 사회적 부와 재화를 분배하는 원칙으로 능력주의를 채택하고 있다. 그 결과 일부 사람들은 천문학적인 부를 축적하고 상당수의 사람들은 빈곤선 이하의 비참한 삶을 살고 있다. 이들은 무능한 사람이라는 낙인이 찍히고 막노동이나 구걸을 통해 생계를 연명해간다. 병들어 죽더라도 남을 원망할 수 없다. 자식들 역시 그런 불우한 환경으로 인해 영양실조에 빠지고 교육다운 교육을 받을 수 없다. 이곳에서는 의료보건 분야에서도 능력주의를 따르기 때문에 유능한 의사는 엄청난 부를 모으고, 넉넉한 재산을 갖고 있는 사람만이 좋은 의사의 진료를 받을 수 있다. 굶주린 사람들은 생계를 위해 범죄를 저지르고, 돈이 많은 사람들은 국가의 치안을 믿을 수 없어 막대한 돈을 지불하고 경호회사를 고용하여 재산과 생명을 지킨다. 현실이 이런데도 이 사회에서는 모든 인간이 평등하고 존엄한 존재라는 신념이 널리 퍼져 있다. 하지만 우리의 정의감각으로 볼 때 이런 사회를 과연 정의로운 사회라고 할 수 있을까?

이 사회에서는 인간의 도덕적 평등 원칙이 매우 형식적인 차원에서만 적용되고 있는 반면, 개인들의 능력 차이에는 너무나 큰 비중을 두고 있다. 능력주의 역시 모든 인간은 평등하다는 명제를 받아들인다. 인간은 평등하기 때문에 성별이나 인종 차이에 따라 특별 대우하는 것은 옳지 않고, 오직 능력의 차이에 따라서만 차등적으로 분배하는 것이 옳다는 생각이다. 하지만 능력주의에는 위험한 함정이 있다. 능력을 분배의 만능 원칙으로 삼는다면, 능력주의가 전제하고 있는 인간의 도덕적 평등을 깨뜨리는 상황이 발생할 수 있다. 능력의 차이가 변형된 형태의 신분제도를 만들어낼 수 있는 것이다. 앞에서 살펴본 두번째 사회의 모습이 그러하며, 이는 우리가 실제 현실에서도 보고 있는 모습이기도 하다. 이런 상황은 모순적이다. 보편적인 능력주의는 신분에 따라 차별하는 불평등주의에 대항하여 등장했음에도 불구하고, 이제는 그 자체가 인간의 도덕적 평등을 침해하는 원리로 작용하고 있는 것이다. 능력주의를 순화시킬 필요가 여기에 있다. 능력주의도 그 기본 전제인 인간의 도덕적 평등을 침해할 만큼 극단적으로 추구되어서는 안 된다.

6장

사회정의는

언제

어디서

왜 등장했는가

사회정의라는 개념이 확립된 것은
19세기 중반 서양에서였다. 하지만 이 시기에 느닷없이 형성된
것은 아니다. 사회정의 개념의 기원은 길게 보면 개인주의 문화
가 형성되기 시작한 16세기와 17세기까지 거슬러 올라간다. 물
론 당대 서양사회는 아직 봉건제적인 요소가 많이 남아 있고,
중세 기독교의 집단주의 윤리가 여전히 강력한 힘을 발휘하고
있었다. 따라서 사회정의라는 개념이 이 시기에 뚜렷하게 존재
했던 것은 아니지만 19세기에 등장하게 될 사회정의 개념의 철
학적·윤리적 기초를 형성했다는 점에서 이 시기는 중요한 의미
를 갖는다.

16~17세기 서양에서는 르네상스·종교개혁·과학혁명 등 굵
직한 역사적 사건들이 진행되면서, 독립된 개인이 모든 가치판
단의 중심에 있다고 보는 개인주의 문화가 형성되었다. 중세를
지배한 기독교적 가치관이 퇴조하고 인간이 사회와 역사의 주
체라는 아이디어가 선각자들 사이에 급속히 퍼져나갔다. 자유
주의 문화는 명목상으로나마 모든 인간의 자유와 평등을 전제
하거나 지지했기 때문에 다양한 예속과 신분상의 불평등을 당
연시했던 봉건적 중세와 양립하기 어려웠고, 시간이 갈수록 모
든 영역에서 중세적인 요소들을 몰아냈다.

무엇보다 근대의 개인주의 문화는 이 시기에 새로 부각된 자

유의지 개념을 통해 후대의 사회정의 개념과 연결되어 있다. 존 로크와 임마누엘 칸트와 같은 근대 자유주의자들은 인간이 이성을 사용해 자신에게 적합한 삶을 살아갈 수 있다고 보았다. 즉 인간은 사물처럼 인과적인 자연법칙에 얽매여 있지 않고, 스스로 사고하고 판단하며 그 결과에 책임질 수 있는 자율적인 존재라고 생각했다. 그리고 이런 능력 때문에 인간에게는 국가의 간섭 없이 자유롭게 행위할 수 있는 삶의 영역이 필요하다고 강조했다. 이 영역이 바로 사적인 자유의 영역으로, 자유주의자들은 소극적 자유라는 개념을 통해 이 영역을 보호하고자 했다. 예컨대 존 스튜어트 밀은 『자유론』에서 자율적인 존재로서 개인이 누려야 할 자유의 영역에 대해 다음과 말하고 있다.

> 자유 가운데서도 가장 소중하고 또 유일하게 자유라는 이름으로 불릴 수 있는 것은, 다른 사람의 자유를 박탈하거나 자유를 얻기 위한 노력을 방해하지 않는 한, 각자 자신이 원하는 대로 자신의 삶을 꾸려 나가는 자유이다. 우리의 육체나 정신, 영혼의 건강을 보호하는 최고의 적임자는 누구인가? 그것은 바로 개인 자신이다. 우리는 자신에게 도움이 된다고 생각되는 방향으로 자기 식대로 인생을 살아가는 일이 잘못돼 고통을 당할 수도 있다. 그러나 설령 그런 결과를 맞이하더라도 자신이 선택한 길을 가게 되면 다른 사람이 좋다고 생각하는 길로 억지로 끌려가는 것보다 궁극적으로는 더 많은 것을 얻게 된다. 인간은 바로 그런 존재다.

밀은 개인의 자율성을 존중했으며, 자신의 삶을 스스로 선택할 수 있는 인간의 능력을 믿었다. 그는 당시로서는 드물게 여성 또한 남성과 동등한 능력을 갖췄다고 생각했으며, 국회의원이 되어서는 여성 참정권을 위해 노력했다. 또한 그의 『자유론』은 부인과 함께 쓴 저작이다.

인간이 이성을 소유하고 있는 자율적인 존재라는 신념은 장기적으로 사회정의 개념의 형성에 큰 영향을 미쳤다. 중세의 기독교적 세계관에서 사회는 하나의 유기체로 간주되었다. 이런 세계관에서는 개인의 자유와 개성보다는 전체 사회의 조화와 행복이 더 중요했다. 하지만 인간의 자율성과 평등을 바탕에 깔고 있는 개인주의 문화가 확산됨에 따라 사회는 점점 더 자유롭고 평등한 개인들이 서로의 이익을 위해 만든 구성물로 여겨지기 시작했다.

개인주의 문화는 정해진 신분질서를 인간의 자연스런 상태로 여기며 이런 상태를 바꾸려는 노력은 정의롭지 않다고 본 중세의 관념을 결정적으로 뒤엎어버렸다. 만일 이 사회가 자연적인 것이 아니라 개인들의 동의로 만들어진 인공물이라면, 그것이 불평등하고 억압적으로 기능할 때 새롭게 재구성해야 하지 않겠는가? 다시 말해, 부정의한 사회는 정의로운 사회로 얼마든지 재편할 수 있다는 것이다. 사회계약 이론은 바로 이와 같은 혁명적인 의식을 표현한 정치사상이었다. 그것은 정의를 자연적인 것이 아니라 인간이 만든 원칙으로 이해할 수 있는 의식적·윤리적 기반을 제공함으로써 사회정의 개념의 형성에 이바지했다.

사회정의의 탄생

18세기 이후 북유럽 국가들에서 발전하기 시작한 상업사회는 사회정의 개념의 사회학적·현실적 기반을 제공했다. 근대적인 상업공화국에서는 사회적 부가 창출되는 방식이 혁명적으로 변화했다. 이전 시기에는 사회적 부가 순전히 개인의 기술에 기반한 가내수공업으로 창출되었다. 하지만 상업공화국의 발달은 가내수공업의 비율을 현격히 떨어뜨린 동시에 공장제 수공업과 기계공업의 비율을 비약적으로 늘리면서 사회적 분업체제를 발전시켰다.

이와 같은 사회경제적 변화는 애덤 스미스와 같은 선각자들의 저작에 자연스럽게 반영되었다. 스미스는 『국부론』(1776)에서 사회적 부가 순전히 한 개인의 노력으로 형성되는 것이 아니라 복잡한 분업과정으로 형성된다는 사실을 부각시켰다. 그는 분업의 불가피성에 대해 다음과 같이 묘사하고 있다.

번영하는 문명국에서 가장 흔히 볼 수 있는 수공업자 또는 일용

노동자의 생활용품을 관찰해보라. 그러면 여러분들은 이 생활용품을 만드는 데 조금이라도 그 노동을 기여한 사람의 수가 헤아릴 수 없이 많다는 사실을 알게 될 것이다. 예를 들면, 일용노동자가 입은 모직 상의는 아무리 거칠게 보일지라도 수많은 직공들의 공동 노동의 생산물이다. 이 소박한 생산물까지도 이것을 완성하기 위해서는 양치기·양모 선별공·소모공·염색공·조소공·방적공·직포공·축융공·끝손질 하는 사람, 그밖에도 많은 사람이 모두 그들의 각가지 기술을 종합하지 않으면 안 된다. 그뿐 아니라, 원료를 한 직공들로부터 그 나라의 아주 먼 지방에 살고 있는 다른 직공들에게 운송하는 데 얼마나 많은 상인과 운반자들이 관여했을 것인가! 염색공이 사용하는 갖가지 약제—이것들은 세계의 가장 먼 변두리에서 오기도 한다—를 구하기 위해서 얼마나 많은 상인과 해운업자가 동원되었으며, 또 얼마나 많은 조선공·수부·범포 제조인·로프 제조자가 필요한가! 또한 이 직공들 가운데서도 가장 보잘것없는 직공이 가지고 있는 도구를 생산하기 위해서 얼마나 가지각색의 노동이 필요할 것인가!

노동분업에 관한 스미스의 아이디어는 사회정의 개념의 핵심을 함축하고 있었다. 가내수공업에서는 한 집 안에서 개인이나 가족들이 함께 상품생산의 전 과정을 맡았다. 그래서 다른 사람들의 노동이 개입될 여지가 적었고, 생산물이 사회적인 노동분업의 산물로 나왔다고 볼 근거가 적었다. 하지만 노동분업이

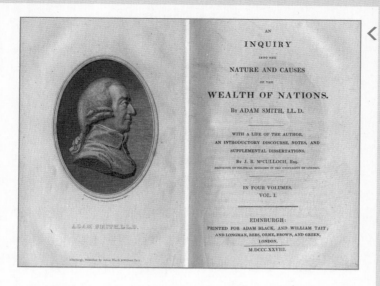

애덤 스미스의 『국부론』
은 근대에 출현한 상업경
제 체제의 작동 방식을
체계적으로 그려낸 최초
의 저작이다. 그는 이 책
에서 경제가 노동 분업과
협업을 통해 굴러간다는
걸 밝혀냈다.

점점 더 발달하면서, 한 상품을 개인의 독점적인 생산물이라 주
장하는 것이 어려워졌다.

근대가 무르익어감에 따라 상품은 더 복잡한 과정을 통해 생
산되었다. 원자재를 해외에서 구입하고, 바다와 육지로 운송수
단을 통해 운반해오고, 또 그것을 1차, 2차에 걸쳐 가공하는 복
잡한 공정이 더해졌다. 그 결과 완제품이 생산되었을 때 개개의
노동자가 그 상품에 기여한 정확한 몫을 구하는 것이 사실상
불가능해졌다. 그리고 이런 노동분업은 상품생산의 효율성을
급격히 향상시켜서 사회적 부를 급팽창시켰다.

이렇듯 근대적 노동분업 체계가 발달하면서 상품과 재화를
사회적 협업의 산물로 보는 인식이 싹텄고, 이는 분배적 정의에
관한 새로운 발상의 출현을 자극했다. 즉 어떤 재화를 만드는

데 사회의 수많은 사람들이 참여했다면, 그로 인한 이득을 몇몇 개인이 독차지하는 건 부당하다는 것이다. 게다가 그 과정은 누가 얼마큼 생산에 기여했는지 계산할 수 없을 정도로 복잡해서 능력과 기여에 따른 분배만을 주장하기도 힘들었다. 따라서 대안적인 정의 개념이 필요해졌다.

더구나 사회적 노동분업이 고도화되는 상황에서 대두한 공산주의 사상은 사회정의에 매우 독특한 기준을 덧붙이게 되었다. '필요'라는 기준이 그것이다. 사회적 재화에 대한 개인의 독점적 권리를 주장하는 것이 어려워지고 있었던 상황에서, 빈곤 계층의 필요를 충족시켜주는 것이 옳다는 주장은 큰 설득력을 얻었다. 물론 필요가 부 분배의 유일한 기준이 될 수는 없다. 또 능력이 부족하거나 질병으로 생산과정에 전혀 참여하지 못한 사람들은 사회적 부의 창출에 기여한 바가 없으므로, 응분의 몫을 요구할 수 있는 근거를 찾기 힘든 것도 사실이다. 그럼에도 불구하고 필요에 따른 분배 개념 덕분에, 개인들은 존엄성을 지닌 사회의 평등한 일원으로서 사회협업의 산물에 대한 최소한의 권리를 요구할 수 있는 윤리적·사회적 근거를 확보할 수 있었다.

여기에 마르크스와 그 지지자들이 발전시킨 구조주의적인 사고방식이 사회정의 개념의 형성에 큰 영향을 미쳤다. 구조주의에 따르면, 인간의 의식과 행위가 사회구조를 결정하기보다는 이미 구성되어 있는 사회구조가 개인의 의식과 상황을 결정한다. 이와 같은 인식은 사회정의와 관련하여 두 가지 중요한 의미가 있다. 첫째로 정의를 개인의 행위 및 그 결과와 연관시켜 파악했던 전통적인 정의 개념의 타당성을 크게 약화시켰다. 개인주의 문화에서 정의는 개인이 스스로 선택하고 행위한 결과에 대해 합당한 보상이나 처벌을 받을 때 실현된다. 즉 정의는 일차적으로 개인의 행위 및 그 결과와 연관되어 있는 문제였다. 하지만 구조주의적 사고방식은 이런 개인주의적 정의관의 타당성에 의문을 던졌다. 만일 개인의 의식과 행위가 근본적으로 사회구조적 요인의 영향으로 결정된다면 결과에 대한 책임이 전적으로 개인에게 있다는 주장은 잘못된 게 아닌가? 예컨대 누군가의 빈곤이 잘못된 사회구조에서 기인한다면, 빈곤의 책임을 그 사람에게 돌리는 것은 옳지 않다.

둘째, 이런 인식은 사회정의 개념의 다른 측면과 긴밀히 연결된다. 구조주의에 따르면, 개인의 처지와 의식은 사회구조의 산물이며 잘못된 사회구조를 개혁하지 않는 한 부정의를 해결할 수 없다. 만일 한 사회에 빈곤이 존재하는 것이 사회구조의 문제라면, 이런 잘못된 사회구조를 근본적으로 개혁하지 않는 한 빈곤 문제를 해결할 수 없다. 따라서 사회구조를 바로잡으려는 노력이 필요하며, 노동계급이나 진보적인 지식인들의 주도적 참여를 통해 그런 변화의 물꼬를 틀 필요가 있다.(그렇지만 여기에 구조주의적인 사유의 한계 또는 모순이 숨어 있다. 사회구조가 개인의 의식과 행위를 일방적으로 결정한다면, 그 구조 안에서 구조를 혁명적으로 개혁하려는 의식과 행위가 어떻게 발생할 수 있을까? 이는 숙고해볼만한 문제지만 여기서는 더 논하지 않기로 한다. 사회정의라는 개념이 어떤 과정을 통해 등장했는지만 이해하면 충분하기 때문이다.)

사회구조주의적인 사고방식에 인간의 자유의지를 강조하는 개인주의 문화 및 사회계약 사상을 결합시켜보면, 사회정의라는 개념의 윤곽을 파악할 수 있다. 사회계약사상은 사람들이 각자의 필요 때문에 서로 합의해서 사회를 만들었다고 본다. 따라서 구성원 다수가 애초에 기대한 혜택을 얻지 못한다고 판단할 경우 기존 사회를 해체하고 새로운 사회를 만들 수도 있다. 여기에 개인의 불우한 처지는 잘못된 사회구조에 그 원인이 있다고 보는 구조주의적인 인식을 덧붙여보자. 그러면 다양한 사회악을 근본적으로 제거하기 위해서는 다시 새로운 사회계약을 맺어 정의로운 사회를 만들어야 한다는 주장이 자연스럽게 나온다.

이렇듯 사회정의라는 개념은 마르크스주의의 구조주의적 인식의 일부와 필요에 따른 분배 개념, 그리고 자유주의적인 의지철학과 사회계약 관념이 결합해 형성된 근대적인 정의 개념이다. 개인의 불우한 처지를 정의롭지 못한 사회구조 탓으로 돌리면서도, 그런 사회구조를 정의롭게 개혁할 수 있다는 아이디어가 결합하여 사회정의 개념이 등장한 것이다.

운과 사회정의

　사회정의에 관한 논의에서 짚고 넘어가야 할 중요한 이슈가 바로 운(運)의 문제다. 이 운의 문제는 사회정의 개념에 담겨 있는 문제의식을 좀 더 극적으로 보여준다. 19세기 초반에 러시아 작가 푸시킨이 쓴 희곡 『모차르트와 살리에리』는 정의와 운에 관한 매우 흥미로우면서도 예리한 통찰을 담고 있기 때문에, 이 희곡의 내용을 소개함으로써 이 주제에 접근해보려고 한다.(이 이야기는 영화 〈아마데우스〉에서도 소개되어 대중적으로 잘 알려져 있다.)

　특히 이 희곡에서 당대 최고의 궁정작곡가이자 궁정악장이었던 살리에리가 갑자기 나타난 음악신동 모차르트의 비범한 재능을 시샘한 끝에 정신병동에 들어가 신을 향해 원망을 퍼붓는 장면은 오늘날에 더욱 유효한 정의에 관한 문제의식을 잘 표현하고 있다. "오 하늘이여! 정의가 있는가? 신성한 천재성이 변함없는 사랑과 고된 노력, 열렬한 기도에 대한 대가로 주어지지 않고 게으른 방탕아의 경박한 머리를 빛내려 오다니. 아, 모차르트! 모차르트!" 살리에리는 모차르트의 비범한 재능을 부러워한 나머지 이렇게 절규했다. 살리에리의 독백에는 인간의 선택이나 노력과는 무관하게 작용하는 운의 자의성에 대한 분노와 절망이 서려 있다.

　살리에리는 음악에 대한 남다른 열정과 노력 그리고 간절한 기도로 모든 음악가들이 부러워하는 명예로운 자리에 올랐다. 그는 자신이 그런 명예와 부귀를 누릴 자격이 있다고 자부했다. 하지만 모차르트의 등장은 살리에리가 공들여 쌓은 세계를 송두리째 부정했다. 게으르고 경박한 성격의 모차르트가 열심히 노력하는 자신보다 훨씬 뛰어났던 것이다. 살리에리의 삶을 떠받치고 있던 도덕적 확신은 한순간에 무너졌다. 그토록 갈구했건만 결코 이를 수 없었던 절대음악의 경지! 경망스런 모차르트에게서 거침없이 풀려 나오는 신묘한 선율에 접했을 때 살리에리는 천둥 치듯 엄습하는 벅찬 감동과 함께 자아의 심장부가 파열되는 고통을 느꼈다. 그처럼 속되고 가벼운 자의 머리에서 어떻게 그와 같은 천상의 악상이 샘솟듯 떠오를 수 있을까? 그동안 살리에르가 신과 인생에 대해 품어왔던 경건과 감사의 마음은 일순간에 증발해버렸다. 신은 음악을 향한 자신의 헌신과 노력에는 상을 주지 않고 왜 방탕아 모차르트에게 그렇게 과분한 선물을 내린 것인가? 걷잡을 수 없는 시기와 질투의 감정에 휩싸여 살리에리는 마침내 신을 저주하며 정신병동에 이르게 된다.

신을 향한 살리에리의 탄식은 인간의 고유한 정의감각을 극적으로 드러내주고 있다. 신은 음악에 대한 뜨거운 열정과 노력에 응답하지 않고 오히려 게으르고 방탕한 자를 축복했다. 이 부조리한 현실을 어떻게 받아들여야만 하는가? 살리에리의 분노와 절규는 일생 동안 자신의 삶을 뒷받침해 온 정의감각, 곧 정의로운 신은 음악에 대한 자신의 열정과 헌신에 보상해줄 것이라는 확신이 무너져버리면서 나온 것이었다. 그것은 운명의 부조리로 인해 정의감에 상처를 입은 한 인간의 처절한 항변이었다.

어쩌면 노력이나 헌신이 아닌 재능의 측면에서 보면 궁정작곡가이자 궁정악장으로서 살리에리가 누린 명성과 부 또한 과분한 것이었는지도 모른다. 하지만 살리에리가 보기에 모차르트에게 거저 주어진 재능은 분명히 정의의 침해였다. 인생을 음악에 바친 살리에리로서는 모차르트가 노력 없이 얻은 재능의 정당성을 도저히 인정할 수 없었다. 그가 볼 때 모차르트가 지닌 비범한 능력은 그보다 훨씬 더 노력하고 헌신해온 자신이 가졌어야 했다.

『모차르트와 살리에리』는 두 주인공의 극적인 대조를 통해 정의에 관한 근본 문제를 제기한다. 바로 권력과 지위, 부와 소득, 명예 및 자유와 같은 중요한 사회적 재화나 가치가 어떻게 배분되는 게 정당하냐는 것이다. 분배적 정의와 관련하여 현대 사회의 중요한 한 가지 통념은 사람은 노력한 만큼의 대가를 받아야 한다는 것이다. 그러나 모차르트와 살리에리 두 사람에게서 이런 정당한 원칙은 뒤집어진다. "오 하늘이여, 정의가 있는가?"라고 절규하는 살리에리의 독백은 인간의 정의감과 불공평한 자연의 섭리 사이의 간극에 대한 처절한 문제제기였던 것이다.

　　푸시킨이 제기한 이 문제는 오늘날에도 시사하는 바가 크다. 평생을 노력해온 살리에리보다 순전히 운으로 재능을 타고난 모차르트가 더 높은 위상을 차지하고 더 나은 대우를 받는 게 정당한가? 마찬가지로 평생을 열심히 노력하며 사는 사람보다 운으로 부잣집에 태어난 사람이 잘사는 게 정당한가? 현대인에게 응분의 몫이란 자신이 선택하고 노력한 일에 상응하는 몫을 받는 것이다. 하지만 신의 자의적인 섭리, 곧 운 때문에 인간의 노력과 그에 걸맞은 결과가 연결되지 않는다면 정의는 어떻게 실현될 수 있는가? 다시 말해 피 나는 노력보다 운이 사회적 부의 분배에서 더 중요한 역할을 한다면 정의는 대체 어디에 있는가? "세상에는 정의가 없다고들 하지. 그러나 정의는 하늘에서도 찾아볼 수 없어!"라고 부르짖은 살리에리의 탄식에는 인간의 노력과 운 사이에 존재하는 딜레마가 놀랍도록 예리하게 반영되어 있다.

정의로운 사회, 곧 각자가 응당 받아 마땅한 몫을 받는 사회를 실현하는 데 운이라는 요소가 교란자 역할을 한다는 인식은, 새로 대두한 근대적 사고방식과 결합하여 사회정의 관념에 영향을 미쳤다. 이미 설명한 바와 같이 근대가 무르익어감에 따라 점점 더 노동분업이 복잡해졌고, 개인의 물질적·의식적 상황이 사회구조에 의해서 결정된다고 보는 구조주의적 사고방식이 확산되었다. 이 두 가지 현상은 개인이 사회적 부와 재화에 대해 정확한 응분의 몫을 요구하는 것을 어렵게 만드는 한편으로 정의를 사회구조 차원의 문제로 인식하는 경향을 만들었다.

이런 변화에 운에 대한 인식을 결합시켜보라. 그러면 개인의 출신배경 또한 운적인 요소로 보이게 된다. 어떤 부모에게서 어떤 외모와 재능을 갖고 태어났는가 하는 문제가 순전히 운에 달려 있듯이, 어떤 사회에서 어떤 계급이나 계층의 일원으로 태어나는가 하는 것도 순전히 운에 달려 있는 문제다. 이렇게 보면, 개인이 순전히 자기 힘으로 노력해서 얻었다고 생각하는 많은 것들이 실상은 운 덕분이라는 사실을 알게 된다. 그렇다면 개인들이 어떤 근거로 자신의 응분의 몫을 달라고 요구할 수 있는가? 이처럼 『모차르트와 살리에리』는 운의 문제를 정의의 영역으로 끌어올려, 정의 혹은 응분의 몫이라는 관념을 새로운 차원에서 생각해보도록 자극하는 중요한 사회철학적 통찰을 담고 있다.

사회정의와 운의 중립화

『모차르트와 살리에리』는 19세기에 이미 운이라는 요소가 매우 중요한 도덕적 딜레마를 제기한다는 인식이 어느 정도 퍼져 있었음을 말해준다. 능력주의 혹은 업적주의가 공정하게 작동하기 위해서는 개인의 노력 이외의 요인이 능력의 획득이나 업적 달성에 작용하지 말아야 한다. 하지만 모차르트의 예는 운이라는 다른 요인이 능력에 큰 영향을 준다는 것을 보여줌으로써, 노력에 비례하는 보상이 곧 정의라는 인식의 타당성에 의문을 던졌다. 이것은 비단 천재적인 음악적 재능에 한정된 문제가 아니다. 운이란 요소는 개인이 태어난 대륙·국가·지역·가문은 물론 성·인종·계급·계층 등 인간사회의 모든 영역들에 개입해 있기 때문이다.

예컨대, 누가 풍요로운 북유럽이나 북미에서 태어나는 대신 저 아프리카 사막 국가에서 태어나기를 원했겠으며, 어떤 사람이 인도의 천민 계급으로 태어나기를 원했겠는가? 그리고 서구 선진국에서 태어난다고 해도 부유하고 유능한 부모의 자식이 아니라 가난하고 무능한 부모의 자식으로 태어나기를 원하는 이가 어디 있겠는가? 척박한 토양과 기후로 인해 만성적인 빈곤에 시달리는 대륙에서 태어난 아이나, 엄혹한 신분제도가 존재하는 곳에서 천민계급의 부모에게서 태어난 여자아이의 관점에서 생각해보면, 출생으로 인해 결정된 모든 것은 그저 운의 문제다. 또한 그렇게 결정된 요인들은 아이 본인이나 부모의 노력으로 쉽게 극복할 수도 없다. 그럼에도 불구하고, 출생으로 결정되는 많은 요인들이 아이들의 전체 인생을 결정적으로 좌우해버린다. 이런 불우한 아이들의 처지를 정당하다고 말할 수 있는가?

불우한 환경에서 태어난 아이와 대조적으로, 북유럽의 풍요로운 국가에서 유능하고 부유한 부모에게 태어난 남자아이가 있다고 해보자. 그는 좋은 유전자를 지니고 태어나 부모의 적극적인 지원을 받으며 좋은 교육을 받고 자란다. 그 아이는 다른 환경에서 자란 다른 아이들보다 좋은 직장을 잡고 좋은 배우자를 맞이하여 유복한 삶을 살 개연성이 매우 높다. 하지만 그런 행복한 인생이 전적으로 그 아이의 능력만으로 되는 것은 아니다. 출생할 때 결정된 많은 요인들이 그의 인생전망을 거의 결정하기 때문이다. 만약 북유럽이 아닌, 아프리카의 난민촌에 태어났다면 성공적인 인생을 살기는커녕 성인이 될 때까지 무사히 살아남을 가능성조차 크지 않다. 북유럽에서도 가난한 가정에 태어났다면, 좋은 교육과 좋은 직장을 얻지 못했을 것이다. 이렇다면 그 아이가 기대할 수 있는 화려한 인생 전망을 도덕적으로 어떻게 정당화할 수 있을까?

시야를 좁혀 한국 사회의 경제구조를 살펴보자. 한국은 자본

좋은 대학에 가기 위해서는 할아버지의 재력과 엄마의 정보력 그리고 아빠의 무관심이 필요하다는 우스갯소리가 있다. 그러나 부모의 경제력 격차가 자녀의 교육 격차로 이어지는 현실은 우습지 않다. 한 조사에 따르면 2014년 서울대에 입학한 서울지역 일반고 졸업생 523명 중 절반가량 (47.9%, 251명)이 강남3구(강남·서초·송파) 출신이었다.(한국일보, 2014, 10월 14일)

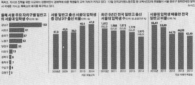

명문대 입학 부유층만의 리그… 소득 격차가 교육 양극화로

주의 시장경제 구조를 갖고 있으며, 복지제도가 열악하다. 더구나 압도적 남성중심 문화의 영향 때문에 여성의 사회진출이 같은 계층의 남성에 비해 상대적으로 저조하다. 이런 사회구조 속에서 경제적으로 최하위층에 속하는 부모에게서 태어난 여자아이의 인생 전망과, 최상위층의 부모에게서 태어난 남자아이의 인생 전망을 비교해보라. 이 두 아이는 순전히 운의 작용으로 완전히 상반된 인생 전망을 갖게 된다. 물론 이런저런 또 다른 요인이 작용한다면 하층계급에서 태어난 여자아이가 크게 성공하고, 상층 계급에서 태어난 남자 아이가 실패한 인생을 살 가능성도 있다. 하지만 합리적으로 생각해보면, 최상위 계층의 부모에게서 태어난 남자아이가 사회경제적으로 성공할 확률이 훨씬 더 높을 것이다. 실제로 부모의 소득이 높을수록 자녀가 명문대에 진학할 확률이 높음을 보여주는 연구결과는 많다. 예컨대 2011년의 한 조사를 보면, 소득 최상위 25%에 속한 부모의 자녀들은 약 75% 정도가 4년제 대학에 들어갔고, 10%는 상위 9개 대학 및 의대에 입학했다. 반면 최하위 25%에 속하는 부모의 자녀들은 40% 정도가 4년제 대학에, 0.4%만이 상위 9개 대학 및 의대에 들어갔다. 이 조사는 잘 사는 집에서 태어난 아이가 훗날 성공할 가능성도 높다는 상식적 추론의 타당성을 뒷받침해준다.

사회정의에 관한 최근의 논의들은 운적인 요인이 사회적 부와 재화를 둘러싼 경쟁의 공정성을 해치지 않도록 그 영향을 중립화해야 할 필요성을 반영하고 있다. 다시 말해 아이들이 그 안에서 태어나 자라고 경쟁하게 될 사회구조가 운의 부당한 영향을 받지 않도록 구성되어야 한다는 것이다.

물론 아무리 사회구조를 공정하게 만들려고 해도 운의 작용을 완전히 배제하기는 어렵다. 오로지 신의 전능만이 그렇게 할 수 있을 것이다. 그렇더라도 인간은 사회구조를 가능한 한 정의롭게 구성하고 관리함으로써 운의 부당한 영향을 최소화시킬 수는 있다. 그런 시도가 매번 완벽한 성공을 거둘 수는 없다고 해도, 살리에리가 모차르트의 타고난 재능에 대해 느꼈던 분개의 감정을 어느 정도 완화시켜줄 수는 있으리라. 이것이 바로 사회정의가 자본주의 시장경제를 보다 인간적으로 만들 필요가 있다는 주장과 결합하여 강력한 대중적 호소력을 갖게 된 이유다.

7장

상호주의로서의

정의

상호주의는 응분의 몫과 더불어 가
장 오래된 상식적 정의관이다. 인류의 집단생활이 시작된 시점
부터 통용되기 시작한 정의관으로, 오늘날에도 우리의 일상적
인 삶에서부터 국가간 관계에 이르기까지 광범위하게 적용되고
있다. 또한 상호주의는 놀라운 범용성이 있어서 서로 다른 시대
와 문화 속에서 다양한 형태로 작동해왔다. 뿐만 아니라 현대
적인 정의 이론들이 사회정의의 원칙을 도출하기 위해 구성한
절차에도 반영되어 있다.

그렇다면 상호주의란 무엇인가? 여기서는 먼저 일상에서 작
동하는 '비사회적(혹은 사적인)' 상호주의와 국제관계에서 작동
하는 '초사회적' 상호주의를 설명함으로써 사회적인 영역에서
작동하는 상호주의에 접근할 수 있는 발판을 마련해보고자 한
다. 개인적 영역이나 국제관계 영역에서 작동하는 상호주의와
사회적 영역에서 작동하는 상호주의는 그 메커니즘이 유사하기
때문에, 비사회적 상호주의에 대한 설명은 사회적 상호주의를
이해하는 데 큰 도움이 될 것이다.

먼저 비사회적 상호주의부터 살펴보자. 여기 두 친구가 있다.
이 두 친구는 서로 가정 형편이 비슷할 뿐만 아니라 다니는 직
장도 비슷하다. 그런데 그중 A는 성품이 후한 데 반해 다른 친
구 B는 구두쇠다. A는 B와 만났을 때 식사도 사고 커피값도 내

는 등 아낌없이 호의를 베푼다. 하지만 B는 인색해서 A로부터 일방적으로 얻어먹는 것을 좋아한다. 그리고 함께 궂은일을 할 때도 A는 기꺼이 자신이 감당하려고 하는 반면 B는 가능한 한 A에게 떠맡기려고 한다. 이 두 친구는 가정형편도 직장에서의 지위도 비슷하기 때문에 특별히 한 친구가 다른 친구를 위해 더 많은 것을 지불하거나 희생해야 할 이유가 없다. 그런데도 A가 일방적으로 호의를 베풀고 B가 일방적으로 받기만 한다면, A는 B가 정말 자기를 친구로 생각하는지 의심을 품게 될 것이다. 그리고 시간이 지남에 따라 자기나 B나 비슷한 처지인데 어째서 자기만 일방적으로 호의를 베풀어야 하는지 회의가 들 것이다. 이런 상황이 지속되면 A가 B와 만나는 것을 기피하게 되면서 우정에 금이 가기 마련이다.

이와 같은 예는 친구들 사이에서도 우정이 지속되기 위해 어느 정도 상호주의가 작동할 필요가 있다는 것을 말해준다.(달리 말하면 우정이 무난히 지속되는 관계에서는 상호주의가 그런 대로 작동하고 있다고 볼 수 있다.)

그러면 우정은 형편이 비슷한 친구들 사이에서만 성립되고 유지될 수 있는가? 그렇지는 않다. 서로 형편이 비슷하지 않은 친구들 사이에서도 상호주의는 작동한다. 부유한 친구 C와 가난한 친구 D의 경우를 생각해보자. C는 D와 식사를 할 때 값진 음식을 대접한다. 하지만 D는 C에게 좋은 식사를 대접할 능력이 없다. 그래서 C에게 값비싼 음식으로 보답할 수 없어서 미안하다고 말하고 자신의 능력껏 소박한 식사를 대접하는 성의를 보인다. 이 경우 이 둘 사이의 우정은 어떻게 될까? 아마도 큰 무리 없이 지속될 것이다. C는 친구 D의 진심 어린 대접에 오히려 고마워하며 그것으로 충분한 보상을 받았다고 생각할 수 있다.

상호주의의 작동 방식과 관련해 C와 D 사이의 우정은 한 가지 중요한 통찰을 준다. 상호주의가 반드시 1대 1의 비율로 작동하는 것이 아니며, 당사자들 각각의 처지에 맞는 주고받음의 관계를 통해서 작동할 수 있다는 점이다. 부자 친구가 베푼 값비싼 식사에 대해 가난한 친구가 진심 어린 감사의 말이나 정성을 표하는 것으로도 상호주의 원칙은 성립된다. 중요한 점은 이 두 친구의 형편이 다르긴 해도 서로를 대등한 인격체로 존중해주는 상호주의가 관철되고 있다는 사실이다. 이런 경우에는 물질적인 주고받음이 다소 불균형하더라도 우정이 지속될 수 있는 것이다.

이번엔 남북한을 예로 국제관계에서 작동하는 초사회적 상호주의에 대해 설명해보자. 초사회적 상호주의 역시 개인적인 우정에서 작동하는 상호주의와 그 메커니즘이 비슷하다. 사실 모든 형태의 상호주의에는 공통의 근본 인식, 곧 개인이나 집단들이 혜택과 부담을 비슷하게 (또는 처지에 비례하여) 주고받는 것이 공평하거나 정의롭다는 인식이 깔려 있다. 그런데 남북한 관계에서는 관례적인 형태의 상호주의가 제대로 작동하지 않는 예외성이 있다.

한반도는 냉전시대의 대결 구도가 아직도 첨예한 형태로 존재하고 있는 유일한 지역이다. 그 지정학적 중요성 때문에 주변 강대국들도 매우 큰 이해관계로 얽혀 있다. 북한 핵문제를 놓고 이해 당사국들이 6자회담(남한·북한·미국·중국·일본·러시아)까지 열어가며 해결하려고 노력하는 것도 그 때문이다. 하지만 정작 가장 중요한 이해관계가 달려 있는 남한과 북한은 서로 거리를 좁히지 못한 채 대결구도를 지속하면서 국력을 소모하고 있다.

정상적이고 대등한 국가들 사이에서는 비슷한 형편의 친구들 사이에서처럼 주고받는 혜택과 부담이 대체로 비슷해야만 원만한 관계를 유지할 수 있다. 그리고 한 나라가 다른 나라에 비해 압도적으로 우세한 국력을 갖고 있는 경우에는 (부자 친구와 가난한 친구의 관계에서처럼) 각 국가의 형편에 비례하여 혜택과 부담을 주고받을 때 관계가 지속될 수 있다. 하지만 남북한 관계에서는 이런 관례적인 상호주의가 제대로 작동하지 않는다. 북한이 남한의 지원과 호의에 상응하는 보답을 하지 않기 때문이다. 즉 남북간에는 대등한 국가들 사이에 작동하는 상호주의도 불균형적인 국가들 사이에서 적용되는 상호주의도 제대로 작동하지 않는 것이다.

하지만 좀 더 근본적인 수준에서 생각해보면, 남북한 사이에 관례적인 상호주의가 작동하지 않는 데는 다른 이유가 있다는 것을 알 수 있다. 남한은 오랫동안 북한에 대해 일방적인 경제적 지원을 해왔지만 북한으로부터 기대하는 보상을 받은 적이 거의 없다. 이로 인해 남한 내부에서는 진보와 보수세력 간 심각한 갈등이 빚어져오곤 했다. 진보세력은 북한에 대한 경제지원을 인도주의적인 차원에서 이해하거나 장기적인 안전비용과 통일비용으로 이해하려는 경향이 있다. 반면에 보수 세력은 북한에 대한 경제지원의 대가로 북한의 핵 포기를 요구하는 엄격한 상호주의를 견지한다. 그리하여 핵 포기나 침략방지에 대한 명확한 약속 없이는 더 이상의 경제지원을 할 수 없다고 주장한다.

여기서 중요한 것은 북한이 내세우는 상호주의와 남한의 보수세력이 내세우는 상호주의의 근본적 차이다. 북한은 남한의 경제지원과 북한의 핵 포기를 등가적인 교환 대상이라고 생각하지 않는 반면, 남한은 이 둘을 등가적인 교환 대상으로 간주하려 한다. 북한은 핵무장을 (북한을 적대시하는) 미국에 대한 가장 효과적인 대응책으로 생각하기 때문에, 미국이 북한체제의 안전을 100퍼센트 보장하는 것만이 핵 포기의 유일한 조건이 될 수 있다고 본다. 그러므로 북한 입장에서는 남한의 어떠한 경제지원도 핵 포기에 상응하는 가치를 가질 수 없다. 이런 상황에서 남한이 북한의 핵 포기를 대가로 경제지원 정책을 펴는 것은 실효성이 없을 뿐만 아니라, 지금까지 그래왔듯 북한의 냉소적인 반응만을 얻을 개연성이 크다. 북한의 핵 카드가 겨냥하 국제관계에서의 상호주의는 각국의 국력과 원하는 바가 다르기 때문에 제대로 작동하기 힘들다.(왼쪽부터 한겨레, 2013년 5월 28일/문화일보, 2011년 4월 28일)

"북 비핵화가 우선
대화 위한 대화 안돼"

카터 "北, 안전보장 없이 핵포기 안할 것"

"美와 관계개선 원하고 대화준비는 돼있어"

숄티 "카터, 김정일 대변인 역할 부끄러워"

는 상호주의는 북한체제에 대한 미국의 완전한 안전보장이기 때문이다.

따라서 남한의 북한에 대한 상호주의는 다른 방식으로 작동할 필요가 있다.(이런 측면에서 보면 국가간에 작용하는 상호주의는 정의의 원칙이라기보다는 일종의 전략이라고 볼 수 있다.) 남북한 사이에 존재하는 엄청난 국력 차이 때문에 어차피 대칭적인 상호주의(형편이 비슷한 친구 A와 B 사이에 적용되는 상호주의)가 제대로 작동하기 어렵다면, 비대칭적인 상호주의(부자 친구 C와 가난한 친구 D 사이에 적용되는 상호주의)에 입각하여 관계 개선을 주도할 필요가 있다. 그리고 북한의 핵 포기에 대해서는 각자가 생각하는 상호주의의 수준이 상이하다는 것을 현실로 받아들이고, 북한의 핵 포기와 한반도의 평화체제를 동시에 추구하는 식의 묘책을 모색할 필요가 있다.

이처럼 국제관계에서는 (다른 인간관계에서와 마찬가지로) 대칭적 상호주의와 비대칭적 상호주의가 작동하고 있을 뿐만 아니라 각기 상이한 수준에서 상이한 상호주의 형태들이 중층적으로 작동하고 있음을 알 수 있다. 그러므로 국제관계에서 작동하고 있는 중층적 상호주의의 구조를 이해하는 것이 보다 적실성 있는 외교안보전략을 세우기 위한 첫걸음일 것이다.(물론 이 책의 주제는 외교안보전략이 아니라 정의이므로, 국제관계에서의 상호주의가 무엇이며 어떤 메커니즘으로 작동하는가에 대한 설명만 이해하면 충분하다.)

균형적 상호주의와 불균형적 상호주의

그럼 이제부터는 사회의 주요한 제도들에서 작동하는 상호주의를 살펴보도록 하자. 또한 사회제도에서 작동하는 상호주의는 문화와 가치체계의 변동 그리고 사회제도의 변화와 밀접한 연관성이 있는 만큼, 상호주의의 역사적 변동에 대해서도 알아보자.

먼저 사회적 차원에서 작동하는 상호주의는 평등한 관계의 사람들에게 적용되는 것과 상하의 인간관계에 적용되는 것으로 나눠볼 수 있다.(마찬가지로 평등한 집단 사이에 적용되는 것과 불평등한 집단 사이에 적용되는 것으로 나눌 수도 있다)『정의에 관한 짧은 역사A Brief History of Justice』(2011)를 쓴 데이비드 존스턴D. Johnston은 첫째 것은 '균형적' 상호주의로 둘째 것은 '불균형적'

상호주의로 명명했다. 이 두 가지 상호주의가 어떻게 결합되어 있느냐에 따라 각 사회에서 작동하는 상호주의의 구체적인 형태가 결정된다.

예컨대 반상의 차별이 심했던 조선시대나 아직까지 신분제도가 존재하는 인도에서 적용되는 상호주의와, 신분제가 사라진 현대 한국에서 적용되는 상호주의 원칙 사이에는 큰 차이가 있다. 신분 사회에서도 같은 계급(조선시대의 양반 계급이나 인도의 브라만 계급) 내에서 적용되는 상호주의는 혜택과 부담의 상호교환이 비교적 균형을 이룬다. 예컨대 한쪽이 다른 쪽에게 10만큼의 호의를 베풀면 상대방도 그에 비슷한 호의를 되돌려주는 것이 공평하거나 정의로운 것이다. 이는 조선시대의 상민 계급이나 현재 인도의 수드라 계급 같은 하위계급 내에서도 동일하게 적용된다.

조선시대의 두레와 품앗이는 균형적 상호주의가 적용된 좋은 예다. 두레와 품앗이°는 모내기철과 같은 특별한 시기에 공동 작업을 통해 서로의 필요를 충족시켜주었다는 점에서 균형적인 상호주의 원칙이 적용된 관행이었다. 이 상호주의에서도 구성원 사이의 노동 교환이 정확히 1대 1의 균형을 이루지는 않았을 것이다. 하지만 대체로 그 조직원들은 서로 비슷한 정도의 혜택과 부담을 주고받았다고 볼 수 있다. 이처럼 균형적인 상호주의 원칙은 동서고금을 막론하고 비슷한 지위나 계급에 속하는 사람들 사이에서 보편적으로 적용되어왔고 또 지금도 적용

● 두레와 품앗이
두레는 공동노동을 위한 농촌 지역의 자치조직으로, 마을의 거의 모든 성년 노동자들이 가입하여 일손이 많이 필요한 농사일을 함께 한다. 품앗이는 오늘 남의 집에 가서 일을 해주면, 그 사람도 다른 날 내 일을 도와주는 식으로 이루어지는 1:1의 노동력 상호교환이다.

되고 있다.

하지만 서로 다른 계급들 사이에서는 이 상호주의가 다른 식으로 적용된다. 같은 조선시대의 양반과 상민 사이에서는 상호주의가 매우 불균형하게 적용되었다. 모든 부분에서 혜택이나 이익은 양반 계급이 더 많이 가져가고 상민 계급이 더 적은 몫을 가져갔다. 반대로 부담이나 해악의 경우에는 상민 계급이 더 많이 짊어진 것에 견줘 양반 계급의 몫은 가벼웠다. 예를 들어 상민이나 천민이 양반을 해하면 아주 무거운 형벌이 가해졌던 반면, 양반이 천민을 해하면 가한 해에 비해 훨씬 더 가벼운 처벌을 받았다.

이처럼 신분제 사회에서는 동일한 계급 내에서 적용되는 '균형적' 상호주의 원칙과 서로 다른 계급들 간에 적용되는 '불균형적' 상호주의 원칙이 한데 결합하여 그 사회의 고유한 상호주의 원칙을 구성한다. 반면 신분의 차별이 사라지고 모든 사회구성원이 평등한 도덕적 지위를 보장받는 현대사회에서는 균형적인 상호주의 원칙이 과거보다 훨씬 더 큰 비중을 차지하고 있다.

상호주의 원칙은 인간관계나 제도의 변천에 따라 다른 방식으로 작동하기도 한다. 가족제도를 예로 들어보자. 부모는 대개 일방적으로 자식에게 주기만 하고 받지는 않기 때문에 부모-자식관계는 상호주의 원칙에서 벗어나 있다고 생각하기 쉽다. 하지만 지금의 모든 부모들 역시 과거에는 누군가의 자식이었다. 어렸을 때는 그들도 부모로부터 일방적으로 사랑을 받기만 했다. 그리고 어른이 돼서는 그들의 자식들에게 일방적으로 사랑을 베푼다. 그러므로 세대의 흐름이라는 긴 맥락에서 보면 가족제도에서도 상호주의는 세대간 내리사랑의 형태로 은밀히 작동하고 있다.(이런 부류의 상호주의는 수직적 상호주의라 부를 수 있을 것이다.)

한국이나 중국과 같은 동아시아 유교문화권에 초점을 좁혀 볼 경우, 가족제도 안에서 작동하는 또 다른 형태의 상호주의를 확인할 수 있다. 그것은 부모의 내리사랑과 자식의 효행으로 이루어진 상호주의이다. 부모의 사랑을 받고 자란 자식은 장성한 후에는 노쇠한 부모를 봉양할 의무를 진다. 이런 의무가 법적으로 강제되는 건 아니다. 하지만 의무를 태만히 하는 자식은 주변 사람들로부터 불효자라는 낙인이 찍히고 심지어 사회생활에도 일정한 제약을 받아왔다. 그런 의미에서 효행은 유교사회에서는 법에 준하는 사회적 의무로 인식되었다.(때로는 법보다 우선하는 의무로 인식되었다.) 이러한 상호주의는 유교사회의 독특한 특징이라 할 수 있다.(물론 다른 문화권에서는 이런 형태의 상호주의가 전혀 존재하지 않는다는 것은 아니다. 정도의 차이는 있지만 서구 사회에서도 어느 정도는 존재해왔으며, 공동체주의적인 아시아·아프리카 국가들에서도 유사한 형태의 상호주의를 발견할 수 있다.)

상호주의의 현대적 변용

과거에는 거의 모든 사람들이 주로 가족을 통해 기본적인 복지를 해결했다. 기근이나 전쟁 같은 예외적인 경우에만 국가와 지역사회가 개입했다. 그러나 공동체주의 문화가 쇠퇴하고 개인주의 문화가 확산되면서 가족제도에도 큰 변동이 생겼다. 특히 세대간에 적용되어온 수직적인 상호주의 원칙이 많이 달라졌다. 지금의 신세대도 앞선 세대가 그랬던 것처럼 부모의 일방적인 내리사랑을 받고 자랐다. 하지만 이들은 과거 세대와 달리 노년에 이른 그들의 부모를 봉양하려 들지 않는다. 세대를 거듭해 계승되어온 수직적 상호주의 원칙이 더 이상 원활히 작동하지 않게 된 것이다. 더구나 신세대 상당수가 독신생활을 선호하거나 자식을 아예 낳지 않게 되면서 세대간 상호주의에 단절이 생기고 있다.

우리 주변에서 이런 증거들을 얼마든지 찾아볼 수 있다. 여기저기서 심심치 않게 들려오는 '현대판 고려장'에 관한 이야기들 가운데 하나를 살펴보자. 2010년에 외동딸을 따라 미국의 로스앤젤레스로 건너간 한 할머니가 딸에 의해 어느 모텔에 버려진 채 굶주리다가 다른 교포들에게 발견되어 다시 한국으로 돌아온 충격적인 일이 있었다. 사업에 실패한 딸이 이곳저곳을 전전하다가 혼자만 살겠다고 노모를 생면부지의 이국땅에 내버려두고 종적을 감춰버린 이 사건은 사람들을 경악시켰다. 만일 그 딸과 노모의 처지가 바뀌었다면, 노모는 아무리 생활이 어려워도 딸과 함께 굶어죽을지언정 딸을 그처럼 내버리지는 않았을 것이다.

하지만 이 사건은 빙산의 일각에 불과하다. 이와 유사한 사건이 하루가 멀다 하고 발생하는 게 오늘의 한국 사회다. 늙고 병든 부모를 버려둔 채 이민을 가버렸거나, 먼 곳으로 부모와 함께 여행을 떠났다가 여행지에 부모를 내버리고 돌아와 거주지를 옮겨버린 경우도 있다. 오랫동안 자식들과 연락이 끊긴 채 외롭게 살던 노인이 죽은 후에도 상당 기간이 지난 다음에야 발견되는 고독사 이야기는 이제 익숙한 뉴스가 되었다. 나이든 부모를 모시기 싫어 연락마저 끊고 살던 자식들이 부모가 죽었다는 소식을 듣고 달려와 상속문제를 다투는 일도 드문 일이 아니다.

이제 노후생활을 자식의 봉양에 맡기는 것이 어려워졌음을 알게 된 부모들은 스스로 노후를 준비하고 있다. 국가나 지방정부 또한 이런 추세에 맞춰 다양한 사회보장 대책 마련을 고민하고 있다. 기초생활보장제도나 공적 연금제도와 같은 다양한 정책을 통해 노년기에 접어든 부모세대의 생계나 복지를 보장하고자 한다. 그리고 금전적 여유가 있는 사람들은 별도의 사적 연금과 의료보험에 가입해 일찍부터 노년에 대비하는 경향을 보인다.

이런 현상들을 주의 깊게 살펴보면 흥미로운 사실을 발견할 수 있다. 한국 사회에서 전통적인 상호주의가 퇴조하고 새로운 상호주의가 등장하고 있다는 사실이다. 전통적인 상호주의 원칙이 퇴조함으로써 상호주의 원칙 자체가 소멸되어버린 것이 아니라, 새로운 형태의 상호주의가 그 자리를 대신해가고 있는 것이다.

이 새로운 상호주의는 다음과 같은 방식으로 작동한다. 사람들은 젊었을 때부터 소득의 일부를 미래를 위해 비축한다. 이렇게 비축한 재원은 현재의 고령 인구를 부양하는 데 쓰인다. 그리고 현 세대가 은퇴하면 그 아래 세대가 비축하는 재원으로 노후를 보내게 된다. 이처럼 새로운 상호주의는 가족구성원들 사이의 직접적인 상호부조가 아니라, 국가의 공적인 복지프로그램을 통해 간접적으로 작동한다. 현재의 근로 세대는 각종 세금과 연금 프로그램에 가입함으로써 은퇴한 앞세대의 생계를 책임지고, 자신들은 다음 세대의 유사한 행위를 통해 생계를 보장받는 식이다. 그러므로 사회변동과 사람들의 의식변화가 상호주의가 작동하는 방식에 변화를 일으키기는 했어도 상호주의 자체가 폐기된 것은 아니다.

기본적으로 상호주의는 다양한 형식과 내용으로 활용될 수 있는 융통성이 있다. 예컨대 상호주의는 서로 약속하고 동의한 것을 지키는 것이 정의라는 사회계약적 정의관에도 들어 있다. 사회계약에서 상호주의는 두 당사자가 약속조건에 대해 동의하는 형태로 나타난다. 하지만 이 약속이 반드시 동등한 혜

"엄마 친구 아들은 효도계약서 썼다는데…"

효도계약서는 부모가 자식에게 재산을 물려주는 대신 자식은 부모에게 효도할 것을 약속하는 문서로 최근 작성 사례가 늘고 있다. 자식이 부모에게 매월 일정 이상의 생활비를 지급한다거나 같이 모시고 산다는 등의 내용을 담고 있다. 세대간 상호주의의 또 다른 변형이라 할 수 있다.(조선일보, 2016년 1월 5일)

택을 담보할 필요는 없다. 즉 상호주의는 약속을 하는 당사자들이 어떤 이유로 약속을 맺었든 서로 약속한 조건을 이행하는 것이 옳다는 생각을 표현할 뿐, 약속 당사자들이 반드시 동등한 혜택이나 부담을 받아야 한다는 건 아니다. 그건 친구 사이의 상호주의가 동등한 주고받음을 반드시 필요로 하지 않는 것과 마찬가지다.

이런 관점에서 생각해보면, 상호주의는 현대의 주요한 사회정의 원칙에 깔려 있는 일반원칙임을 이해할 수 있다. 롤스의 정의론에서도 상호주의는 매우 중요한 역할을 수행하는데, 그가 제시한 정의의 원칙 중 '평등한 자유의 원칙'은 모든 사람들에게 최대한의 기본적 자유를 동등하게 보장해주기 때문에 균형적 상호주의를, '차등원칙'은 사회의 가장 가난한 사람들에게 최대한의 혜택을 보장하며 유능하고 부유한 자들에게 가장 많

은 비용을 지불하게 하기 때문에 (하위계층 쪽으로 기울어진) 일

종의 전도된 불균형적 상호주의를 표현한다고 볼 수 있다.

8장

경제성장이

곧

사회정의인가

현재의 우리들에게 경제성장이 곧 정의라는 주장은 매우 이상하게 들릴 것이다. 지금 우리 사회에서는 성장 대 복지, 효율 대 정의 사이의 논쟁이 한창이기 때문이다. 성장을 하려면 복지를 희생해야 하고 효율성을 높이려면 정의를 양보할 필요가 있다는 주장과 그에 정반대되는 주장이 팽팽히 맞서 있다.

해방 이후 보릿고개를 넘던 1950년대와 1960년대는 물론 1970년대까지만 해도 우리 한국 사회에서 지배적이었던 정의 관념은 경제성장이었다고 해도 과언이 아니다. 해방 직후 대한민국은 세계의 최빈국들 중 하나였다. 미국의 원조 이외에는 크게 기댈 데가 없었으며 어떻게든 자립경제와 자주국방을 달성하는 것이 절체절명의 과제였다. 이런 상황에서는 자유와 평등 그리고 정의라는 이상은 뜬구름 잡는 구호에 불과했다. 민주주의와 인권 그리고 정의는 저 풍요로운 선진국의 시민들만이 누릴 수 있는 특권으로 인식되었다.

이런 절대빈곤의 상황에서 부와 자원을 공정하게 분배하는 것은 어떤 누구도 만족시키지 못한 채 모두를 빈곤 속에 가두게 할 뿐이라는 인식이 널리 퍼졌다. 더구나 부의 재분배는 자본축적을 어렵게 하여 경제성장을 불가능하게 한다는 (주로 기득권층에서 선전한) 주장이 먹혀들어감으로써, 재분배 문제가 아예 공적인 의제에서 제외되어버렸다. 이런 상황에서 유일한 선택지는 일단 부의 총량을 극대화하는 전략뿐이었다.(민주주의와 성장, 그리고 정의의 가치가 애초부터 선순환 고리를 형성하며 동반 성장할 수 있었다면 더할 나위가 없었을 것이다. 하지만 이와 같은 기대는 현실의 암담함을 고려해볼 때 지나치게 낙관적인 것이었다고도 볼 수 있다.)

정권 차원에서 온갖 대중매체를 동원하여 국가의 정책을 정당화하고 선전한 결과였든지, 아니면 대다수 시민들도 그럴 수밖에 없었던 현실을 인정했기 때문이었든지, 아니면 이 두 가지가 시너지 효과를 낸 결과였든지 간에 경제성장은 보릿고개를 넘던 대한민국에서 정의가 담을 수 있는 가장 현실적인 내용이었다. 이 시기 경제성장은 (그 자체가 정의의 주된 내용이었다기보다는) 최상층의 위정자와 자본가들로부터 기층의 다수 서민에게 이르기까지 모두가 수용하거나 양해할 수밖에 없었던 유일한 대안이었다는 점에서 정의로운 것으로 '간주'되었다고 볼 수 있다.(물론 경제성장이 상호 양해와 동의라는 상호주의 요소를 포함할 수 있었던 것은, 경제성장이 장기적으로 낙수효과를 통해 서민들에게도 성장의 혜택을 가져다줄 것이라는 기대가 배경에 있었기 때문이다. 그런 기대 없이 어떻게 일방적인 양보와 희생을 견딜 수 있었겠는가?)

하지만 이런 상호 양해와 동의는 어차피 한시적일 수밖에 없었다. 당시 상황에서 경제성장을 일종의 사회정의로 받아들였던 것은, 어느 정도 경제성장이 이뤄지고 나면 새로운 합의를 통해 사회정의의 주된 내용을 바꿀 수 있는 가능성을 전제했기 때문이다. 하지만 이런 변화가 저절로 이뤄지지는 않았다. 많은 인명이 희생되고 사회정치적 혼란이 거듭된 끝에서야 그런 변화가 일어났다. 그 변화의 시발점은 아마도 1970년 11월에 청계천 피복재단사였던 전태일이 노동자들의 열악한 상황을 알리기 위해 분신자살한 사건이었을 것이다. 전태일의 희생이 기폭제가 되어 더 나은 처우를 요구하는 노동자들의 조직적인 운동과, 고용주 편에 서서 노동자들의 요구를 억압하기 시작한 권위주의 정권의 대립관계가 형성되기 시작했다. 1974년의 청계천 피복노조 투쟁과 1976년의 동일방직 노조투쟁, 1979년의 YH노조의 신민당사 점거투쟁, 1985년의 대우자동차 파업투쟁 등 수많은 노동운동과 학생운동이 발생했으며, 이에 대해 임금인상을 최대한 억제하기 위한 기업가집단과 권위주의 정권의 탄압이 잇따랐다. 이런 치열한 싸움을 거치며 경제성장을 정의로 보는 관점이 점차 재분배를 정의로 보는 관점으로 대체돼갔다. 그리하여 1987년 민주화 이후에는 마침내 성장 대 정의(혹은 재분배)라는 구도가 확립되었다. 현재 계속되고 있는 사회정의 논쟁은 아직도 성장이 곧 복지라고 주장하는 과거 지향적 세력과 성장과 정의는 별개라고 보는 세력 사이에서 벌어지고 있는 (정의에 관한) 패러다임 충돌이라고 볼 수 있다.

공리주의와 사회정의

19세기 이후 유럽의 역사, 그중에서도 특히 영국의 산업화 과정은 20세기 후반 이래 한국 사회가 겪고 있는 성장과 사회정의 사이의 일시적 타협 및 대립 과정을 예시해준다. 19세기 들어 영국에서는 전근대적인 제도와 법을 개혁하려는 운동이 전개되었다. 이런 개혁 운동의 중심에는 철학적 급진파Philosophic Radicals가 있었다. 제러미 벤담과 제임스 밀이 이끈 철학적 급진파들은 공리의 원칙principle of utility을 사회진보를 이끌 수 있는 유일한 과학적 법칙으로 간주하고, 이 법칙을 통해 사회의 모든 제도와 법을 개조하고자 시도했다. 그 결과 영국은 다양한 제도적·법적 개혁을 추진하여 급속한 산업화와 민주화를 달성할 수 있었다.

공리주의가 19세기 영국에서 사회정의에 관한 지배적인 관념이 된 이유는 무엇이었을까? 당시 영국은 국내외적으로 이중의 필요에 직면해 있었다. 즉 외적으로는 제국주의 열강들과의 대결에서 보다 효율적으로 대처할 필요가 있었고, 내적으로는 점점 더 강렬해지고 있었던 노동자들의 요구를 충족시켜줄 수 있는 효율적인 성장정책이 필요했다. 당시 영국이 대영제국의 영광을 누리고 있었지만, 벤담을 비롯한 철학적 급진파들이 볼 때는 불합리한 제도와 법률 때문에 심각한 비효율에 빠져 있었다. 이런 인식은 당시에 점점 더 격화되고 있었던 제국주의 경쟁에

8장 경제성장이 곧
사회정의인가

서 영국이 뒤쳐질 수도 있다는 우려를 낳았고, 공리주의 철학을 통해 그런 비효율성과 전근대성을 극복해야 한다는 대응이 나왔다. 영국에서 추진된 일련의 개혁들은 공리주의 원칙에 입각하여 다수의 선호와 필요를 합리적으로 모아낼 수 있는 민주적 선거제도의 도입으로 그 정점에 이르렀다. 그리하여 공리주의는 20세기 초반까지 영국을 가장 부유하고 민주화된 국가로 변모시켜놓았다.

공리주의에 따르면, 사회적 총 효용—사람들 각각의 쾌락과 고통을 상쇄시키고 남은 쾌락(=행복)의 양—을 극대화하는 정책과 법이 올바른 정책이고 법이다.(따라서 공리주의는 행위의 동기보다는 그 결과를 중요시하는 결과주의적인 윤리관이다.) 이런 측면에서 보면 공리주의적 사회정의 개념은 지금 우리에게 보다 익숙해진 평등한 분배와는 거리가 멀다. 사회적 부를 크게 만드는 것이 주된 목적이지 창출된 부를 공평하게 나누는 것이 주된 관심사가 아니기 때문이다.

효용의 원칙과 분배적 정의가 일치하는 것이 불가능한 건 아니다. 하지만 그런 일은 매우 드물다. 예컨대 모든 사람들이 비슷한 성향과 체질을 가지고 있어서 사회적 재화를 평등하게 재분배할 때 모든 사람이 만족하고 행복해진다면, 공리주의 원칙과 평등한 재분배의 원칙은 그대로 일치하게 된다. 하지만 이런 일이 일어나는 것은 우연일 뿐이다. 이와 정반대의 상황도 얼마든지 가능하다. 만일 어떤 사람이 무한한 효용을 발생시키는 특이한 체질을 갖고 있다면, 모든 재화를 그에게 몰아주는 것이 최선의 정책일 것이다. 그래야만 사회적 총 효용이 극대화될 수 있기 때문이다. 이처럼 공리주의는 사회정의의 이름으로 엄청난 불평등을 정당화할 수 있는 위험이 있다.

공리주의는 원칙상 사회적 효용의 총량만 신경 쓰기 때문에 개인 한 사람 한 사람의 개성과 필요를 무시해버릴 수 있다. 사실 19세기 이후 고도성장을 구가해온 서구사회에서 빈곤이 사라지지 않았다는 사실은 공리주의가 안고 있는 치명적인 문제점을 드러내준다. 공리주의적 정책을 추진한 결과 전체적인 사회적 부의 총량은 엄청나게 증대되었지만, 그 성장의 혜택이 사회구성원 전체에 골고루 미치지 못하여 부유한 소수와 다수의 빈곤층이 나뉘진 것이다.(개개인의 만족도 또는 행복을 양적으로 측정해서 합산해낼 수 있는 전지전능한 관찰자가 존재하지 않을 때 사회적 총 효용은 부의 총량을 근거로 추산할 수밖에 없다.)

공리주의의 문제점은 그동안 성장 일변도의 경제정책을 추진해온 현재의 대한민국에서도 그대로 나타나고 있다. 그동안 한국은 고도성장을 해왔지만 '선성장 후분배'가 올바른 정책방향이라는 이데올로기로 인해 분배의 과제는 언제나 불확실한 미래로 넘겨졌다. 너무 일찍 재분배를 하면 산업발달이 어려워지므로 나중에 재분배할 전체 부의 크기가 줄어든다는 것이 그 주된 근거였다.

하지만 언제까지 이런 논리가 통할 수 있을 것인가? 프랑스의 정치경제학자 피케티는 최근에 발표한 『21세기 자본』이란 책에서 장기적으로 볼 때 자본이 노동보다 더 높은 수익률을 거둔다는 명제를 제시해 세계적인 주목을 받았다. 이는 곧 경제성장이 일어나도 부의 격차는 점점 커지며 낙수효과는 나타나지 않는다는 것이다.

한편 2015년 중반 IMF는 부의 양극화가 경제성장에 불리하게 작용한다는 보고서를 제출했다. IMF의 보고서는 상위 20%의 소득이 느는 것은 경제성장에 악영향을 미치며, 하위 20%의 소득이 느는 것이 경제성장에 더 도움이 된다고 밝히고 있다. 이는 분배보다 성장이 중요하다고 주장해온 우파 세력에게는 매우 불리한 증거다. 이 보고서가 그동안 신자유주의의 굳건한 첨병 역할을 해온 IMF에서 작성되었다는 사실은 시사하는 바가 매우 크다. 경제성장을 위한다는 사회정의에 대한 관심을 유보시키는 게 더 이상 타당하지 않음을 입증하고 있기 때문이다.

대다수 사람들은 이제 경제성장⇨낙수효과⇨복지증대라는 (공리주의를 바탕에 깔고 있는) 공식이 기만적인 것임을 경험적으로 알게 되었다. 그러면서 2008년 월가의 금융위기 이후 나타난

세계적인 반反신자유주의 운동에서 보듯 실질적인 개혁을 요구하기 시작했다. 미래의 재분배를 위해서 지금은 경제성장에 박차를 가해야 한다는 판에 박힌 주장에 더 이상 속지 않겠다는 단호한 의지를 표현한 것이다. 이제 사람들은 단지 사회정의=경제성장이라는 등식이 거짓임을 인식하는 데 그치지 않고, 그 등식을 파기하고 새로운 등식을 정립(사회정의=공정한 분배)할 것을 요구하고 있다.

19세기 영국의 역사와 20세기 후반 이후 한국의 상황은 사회정의 관념이 시대적인 산물임을 명확히 보여준다. 어떤 사회정의 관념도 한 시대가 직면해 있는 특수한 환경을 초월할 수 없으며, 대다수 사람들의 현실적인 필요와 바람을 담지 않을 수 없다. 물론 때로 그런 바람은 기득권층의 선전과 조작을 통해 형성·강화되기도 한다. 하지만 그런 선전과 조작이 효과를 발휘할 수 있었던 것은 그럴 만한 환경이었기 때문이라는 점을 부정할 수 없다. 한 사회의 지배적인 사회정의 관념은 특수한 역사발전 국면에 놓인 사회의 성격과 필요를 반영한다고 볼 수 있다.

공리주의에 대한 도전

사회정의 관념은 그 사회 안에서 활동하는 사람들의 의식 상태와도 연관성이 있다. 많은 경우 대중의 의식은 사회의 여론을 주도하는 포커스 집단에 영향을 크게 받는다. 어떤 사회정의 관념도 대다수 사람들의 의식 속에서 정당한 것으로 인정되거나 양해되지 않는다면 한 사회의 지배적인 정의관이 되기 어렵다. 과거 한국 사회에서 성장이 곧 정의이고 복지라는 관념이 지배적인 정의관으로 군림할 수 있었던 것은 (앞에서 설명한 상황적인 요인들의 작용과 아울러) 특정한 정의 관념을 지지했던 포커스 집단의 영향력 때문이었다고 볼 수 있다.

그렇다면 지금은 왜 공리주의적 사회정의 관념이 근본적인 도전에 직면하게 되었는가? 그것은 역사적 환경과 사람들의 의식이 더 이상 '최대 다수의 최대 행복'이라는 공리주의적 명제를 받아들일 수 없을 정도로 변했기 때문이다. 이제 한국 사회는 급속한 경제성장을 위해 모든 것을 희생해야 할 정도의 절박한 처지에서 벗어난 지 오래다. 그뿐 아니라 국민소득 3만 달러 시대를 눈앞에 두고 있는 사실상의 경제 선진국이 되었다. 이런 상황에서 재분배 문제를 마냥 미룬 채 지금은 경제성장에 집중해야 한다고 주장하는 것은 더 이상 설득력이 없다. 게다가 고도의 경제성장에도 불구하고 별반 달라지지 않은 (오히려 더 팍팍해진 측면도 있는) 서민들의 생활은 그런 주장의 기만성을 명백히 드러내주었다.

2014년과 2015년 사이에 언론에 소개된 다음 사건들을 살펴보자. 2015년 5월 25일 경기도 부천에서 함께 살던 세 자매가 실직과 생활고에 시달린 끝에 스스로 목숨을 끊었다. 유서에는

"사는 게 힘들다. 이대로 살고 싶지 않다"는 내용이 담겨 있었다. 2014년 2월에도 유사한 사건이 있다. 송파구에 살던 세 모녀가 큰딸의 만성 질환과 어머니의 실직으로 인한 생활고에 시달리다가 밀린 집세와 공과금으로 70만 원을 봉투에 넣어두고 번개탄을 피워 자살했다. 봉투에는 "죄송합니다. 마지막 집세와 공과금입니다. 정말 죄송합니다"라는 메모가 달려 있었다. 2015년 초에는 지적장애가 있는 언니를 돌보던 20대 여성이 "할 만큼 했는데 지쳐서 그런다. 내가 죽더라도 언니는 좋은 시설보호소에 보내달라"는 유서를 남기고 목숨을 끊었다.

이 시기에 발표된 한국 대기업 임원들의 연봉순위를 보자. 1위는 146억 원을 받은 ○○○, 2위는 121억 원을 받은 △△△, 3위는 93억 원…. 조사대상자 288명의 평균연봉은 12억3900만 원이었다. 물론 이들이 소유하고 있는 주식의 상승분과 이익배당을 고려하면 이들이 매년 실제로 벌어들이는 소득은 이보다 훨씬 더 많다. 이처럼 한쪽에서는 실직과 생활고로 인해 아까운 생명들이 죽어가고 있는데, 다른 한 쪽에서는 평생 호화롭게 살고도 다 쓰지 못할 돈을 해마다 벌어들인다. 이런 대조적인 현상은 경제가 성장하면 그 성장의 혜택이 자연스럽게 아래로까지 흘러갈 것이라는 판에 박힌 논리가 얼마나 허황된 것인지 피부로 느끼게 한다. 사회정의 혹은 공평한 재분배가 수반되지 않은 경제성장은 기층민의 삶에 거의 도움이 되지 않는다는 사실이 명백히 나타나고 있는 것이다.

> # 100대 기업 임원 연봉 8억7000만원… 직원 14배

지난해 평직원은 6280만원 받아
삼성전자 임원·직원 '최고' 랭크

등기임원 평균 연봉		
순위	기 업	연 봉
1	삼성전자	59억9000만원
2	SK이노베이션	39억8000만원
3	삼성물산	32억6000만원
4	삼성SDI	30억3000만원
5	CJ제일제당	30억원
6	한화케미칼	28억1000만원
7	한화	22억1000만원
8	현대자동차	20억3000만원
9	현대상산	19억4000만원
10	STX	18억9000만원

직원 평균 연봉		
순위	기 업	연 봉
1	삼성전자	8640만원
2	기아차	8200만원
3	만도	8200만원
4	한라공조	8155만원
5	삼성엔지니어링	8089만원
6	현대차	8000만원
7	현대중공업	7261만원
8	현대모비스	7239만원
9	대우조선	7100만원
10	삼성중공업	7009만원

(자료: 재벌닷컴)

대기업 임원의 연봉이 평직원 연봉의 14배에 이르는 것으로 나타났다. 임원과 직원의 평균 연봉이 가장 높은 기업은 모두 삼성전자였다.

10일 재벌닷컴이 공기업과 금융회사를 제외한 매출 상위 100대 기업의 지난해 임직원 연봉현황을 분석한 결과, 사내 등기 임원의 평균 연봉은 8억7000만원으로 평직원 평균 연봉(6280만원)의 13.85배였다.

지난해 사내 임원의 연봉은 전년 대비 4.3% 인상됐고, 평직원은 5.6% 올랐다.

임원 연봉 1위는 삼성전자로 최지성 부회장 등 사내 등기이사 3명에게 평균 59억9000만원을 지급했다. SK이노베이션으로 39억8000만원으로 2위를 차지했고, 삼성물산(32억6000만원), 삼성SDI(30억3000만원), CJ제일제당

(30억원)이 30억원대였다. 이어 한화케미칼(28억1000만원), 한화(22억1000만원), 현대자동차(20억3000만원), 현대상산(19억4000만원) 등의 순으로 연봉이 많았다.

재계 관계자는 "등기 이사들의 연봉은 성과급과 스톡옵션 등이 추가되면 훨씬 높아질 수 있다"면서 "하지만 대부분의 일반 임원들의 연봉 수준은 그보다 훨씬 낮다"고 말했다.

평직원 역시 삼성전자가 평균 8640만원으로 가장 많았다. 기아차와 만도의 평직원이 8200만원을 받아 공동 2위였다. 한라공조(8155만원), 삼성엔지니어링(8089만원), 현대차(8000만원) 순으로 연봉 수준이 높았다.

남녀별 직원 연봉 1위 기업으로는 남자는 삼성전자(9930만원), 여자는 현대차(6400만원)로 조사됐다. 명경환 기자 kmaeng@kmib.co.kr

　　30년 전이나 20년 전에도 생활고를 비관하며 자살하는 사람들은 있었다. 하지만 오늘날처럼 생활고로 인한 자살 사건이 연이어 보도된 적은 없었다. 2015년 8월 31일에 발표된 OECD 건강통계(2013년 기준)에 따르면 우리나라의 자살률은 10만 명당 29.1명으로 OECD 국가 평균치의 두 배가 넘는다. 이런 불명예스러운 사실은 경제성장과 사회정의의 연관성에 관한 전통적인 인식을 완전히 무너뜨려버렸다.

　　개인소득 1000달러, 5000달러 시대의 논리는 3만 달러 시대를 앞두고 있는 현재에는 더 이상 통하지 않고 있다. 그리고 이것이 바로 한국 사회의 보수세력이 선거 때마다 사회정의·복지국가·재분배정책·무상복지와 같은 어휘들을 주저치 않고 사용하게 된 이유이다. 보수세력 역시 이전까지 진보세력들이 사용해온 이런 가치들을 표방하지 않고선 집권하지 못한다고 자

각한 것이다. 그런 의미에서 한국 사회에서 공리주의적 정의관의 시대는 사실 끝나가고 있다고 볼 수 있다. 이제 문제는 보수세력도 인정해마지않는 이런 상황변화를 반영한 새로운 정의관을 제시하고 그것을 보편화시키는 일이다. 이 점에서 그동안 한국 사회가 성취한 산업화와 민주화 그리고 인권의식은 새로운 정의관이 등장할 수 있는 중요한 배경으로 작용하고 있다.

산업화 자체는 다양한 사회정의 관념 사이에서 중립적이다. 산업화는 공리주의적인 사회정의 관념과 결합할 수도 있고 그와 대립되는 사회정의 관념과도 결합할 수 있다. 그것은 전적으로 사회구성원들의 절실한 필요와 염원에 달려 있다. 다만 산업화는 적절한 재분배 정책과 연계될 경우 새로운 사회정의 관념을 채택하고 시행하는 데 긍정적으로 작용할 수 있다. 작은 파이를 가지고서 공정한 분배를 논하는 것은 어렵지만 큰 파이를 가지고 공정한 분배를 논하는 것은 비교적 쉽기 때문이다. 물론 이런 개연성만 있을 뿐 산업화가 성공적이라고 해서 사회정의가 저절로 이루어지는 건 아니다. 산업화와 사회정의 사이의 관계는 유럽과 미국의 대조적인 분배정책에서 보듯 매우 불확정적이다.

민주화와 인권의식의 성장은 확실히 새로운 사회정의 관념을 위한 중요한 배경이 되고 있다. 민주화와 인권의식의 성장으로 인해 모든 개인을 평등하고 존엄한 존재로 보는 시민의식이 발달했으며, 이에 따라 어떤 이유로도 소수자들의 기본적인 이익을 무시해서는 안 된다는 원칙이 사회정의의 새로운 도덕적 토대가 되었다. 1960년대 서구사회를 휩쓸었던 인권운동은 그동안 다수의 행복을 위해 소수자들의 기본적인 권익을 무시해왔던 공리주의적 공공정책에 대한 대중적인 항거였다고 해석할 수 있다.

사회적 총 효용을 극대화시키는 것이 정의라고 보는 공리주의의 시대는 지나가고 있다. 능력주의나 기여에 따른 분배 원칙을 앞세우는 이들은 여전히 이런 공리주의적 입장을 고수한다. 하지만 다수 한국인들은 이제 공리주의적 정의관이 우리의 상식적인 정의감각과 배치된다고 느끼고 있다. 사회정의가 생산의 효율성을 극대화시키는 데 있는 것이 아니라 생산된 부를 보다 공평하게 분배하는 데 있다는 사실을 깨닫게 된 것이다.

9장

개인의 권리를
보호하는 것이
사회정의인가

앞 장에서 살펴본 바와 같이 공리주의는 물질적 부의 창출에만 치중한 결과 소외받는 소수의 문제를 발생시켰다. 사회의 대다수가 빈곤에 처해 있던 상황에서는 일단 물질적 생산을 늘리는 게 중요했지, 일부가 그런 성장의 혜택에서 배제되는 것이 정당한가의 여부는 중요한 사회문제가 아니었다.

하지만 사실 공리주의는 엄격한 보편주의를 견지하기 때문에 논리적으로는 사회적 부의 큰 몫이 반드시 불공평하게 분배되도록 요구하지는 않는다. 왜냐하면 소외된 사람들에게 사회적 부를 많이 배분했을 때 가장 많은 효용—만족과 행복—을 산출할 수 있다면, 그렇게 하는 것이 공리주의에 부합하기 때문이다. 이런 측면에서 보면, 공리주의가 사회의 주류 집단이나 기득권층의 이익을 위해 제시되었다고 볼 수는 없다. 실제로 공리주의에 토대를 둔 19세기 영국의 사회정치 개혁은 많은 점에서 기득권층의 희생과 양보를 이끌어냈다.

그런 점에서 공리주의는 급진적인 철학이었다. 원칙상 신분적·사회적·성적 차이를 묻지 않고 최대 다수의 최대 행복을 달성할 수 있는 정책이나 법을 정의롭다고 여김으로써 모든 전통적인 속박을 척결할 수 있는 논리를 제공했기 때문이다. 사실 19세기와 20세기 초반까지 공리주의는 전통 사회를 특징짓고 있던 많은 질곡과 억압들을 분쇄하고 보다 평등하고 정의로운 사회를 구현하는 데 큰 기여를 했다. 20세기 후반부터 공리주의에 대한 공격이 본격화되기 시작해 지금은 많은 사람들이 공리주의가 본질적으로 정의롭지 못한 철학인 것처럼 오해하고 있지만, 공리주의의 시대를 거치지 못했다면 우리가 살고 있는 세계는 지금보다 훨씬 더 (도덕적·사회적으로) 불평등하고 부정의했을지 모른다. 아이러니하게도 우리가 공리주의에 대해 부정적인 시각을 갖게 된 것은 바로 공리주의가 이룩한 놀라운 성취 때문이다. 우리 모두가 서로를 평등한 존재로 바라보는 시각을 보편화시킨 것이 바로 공리주의이기 때문이다.

하지만 사회정의 관념의 진보와 관련하여 공리주의의 역사적 역할은 거기까지였다. 현대인들은 공리주의의 양적이고 무차별적인 평등 개념으로는 포착하기 어려운 질적인 평등 개념에 익숙해졌기 때문이다. 다시 말해 우리는 독특한 선호와 개성을 갖고 있는 존재로서 모두가 평등하다는 의식을 갖게 되었기 때문이다.

이제 공리주의는 새로운 공공철학에 의해 대체되거나 보완되어야 한다. 롤스의 『정의론』은 그 이유를 분명히 제시해주었다. 롤스는 공리주의가 개인의 분리성과 독립성을 무시함으로써 개인의 도덕적 존엄성을 훼손할 수 있다고 비판했다. 더구나 공리주의는 현대인들의 상식적인 도덕직관과 충돌하는 문제점도 있다. 예컨대 스마트 J. J. C. Smart라는 학자는 이런 가상적인 이야

기를 들려준다. 어떤 사
람에게 거액의 돈을 맡
긴 채 병원에서 죽어가
는 한 노인이 있었다. 노
인의 돈을 맡아온 사람
은 부자가 맘 편히 죽을
수 있도록 부자의 재산
을 부유한 친척에게 잘
넘겨주겠다고 약속했다.
그렇지만 이 약속을 들
은 사람은 아무도 없었
고, 이 대리인은 부자가 죽자 그 돈을 부유한 친척에게 알리지
않은 채 인근의 병원에 기탁했다. 그 부자의 친척은 그 돈의 존
재조차 모르기 때문에 불만을 가지거나 아쉬워할 일이 없었고,
병원은 그 돈으로 환자들을 무상으로 치료해줌으로써 많은 사
람들에게 혜택을 베풀 수 있었다. 결과적으로 대리인의 거짓말
덕분에 누구도 고통당하지 않으면서 많은 사람들이 행복해질
수 있었다.

이 이야기는 거짓말도 정의로운 것으로 둔갑시킬 수 있는 공
리주의의 문제점을 잘 보여준다. 우리의 윤리적 상식에 따르면,
대리인은 그 부자의 마지막 뜻을 충실히 이행해야 한다. 하지
만 공리주의는 결과만 좋다면 어떤 행위도 정당한 것으로 바라

보며, 인간에게는 그 결과와 상관없이 마땅히 지켜야 할 도덕적 의무 같은 것들이 있을 수 있다는 점을 인정하지 않는다.

주지하듯이 공리주의는 개인의 권리마저도 공리의 원칙에 복속시킨다. 다시 말해 사회적 효용이 증가할 때만 개인의 권리를 보장해준다. 반대로 개인의 권리를 인정해줄 경우 사회적 효용이 감소한다면 공리주의는 그런 권리를 인정하지 않는 것이 옳다고 본다. 공리주의에 따르면, 인종차별 정책에 따른 특정 인종집단의 피해보다 전사회의 이득이 크다면 차별도 정당하다. 그러므로 개인의 권리 의식이 크게 향상된 현대사회에서는 전체의 이익이라는 명목으로 소수자들의 권리를 침해할 개연성이 있는 공리주의가 매우 위험한 생각으로 간주될 수밖에 없다. 이제는 사회적 효용의 극대화보다 개인의 권리를 충족시켜주는 것이 주된 과제가 되었기 때문이다. 이런 시대적 변화는 개인의 권리를 보호해주고 침해된 권리를 회복시켜줄 수 있는 법치의 이상을 정의로운 사회질서의 새로운 토대로 변모시켰다.

권리로서의 정의

개인의 권리를 보호하는 것을 정의로, 그리고 개인의 권리를 부당하게 침해하는 것을 부정의로 보는 시각은 이미 근대의 사회계약사상에 잘 나타나 있다. 하지만 모든 인간이 자연권을 가지며 이를 보호하는 게 국가의 의무라는 생각은 당시에는 매우 적은 수의 지식인과 반체제 인사들 사이에서만 공유되었다. 대부분의 평범한 사람들은 여전히 신분제를 자연적인 질서로 받아들이고 있었고, 또 인간이 자연권을 갖는 평등한 존재라는 점을 피부로 느낄 수 없었다. 프랑스혁명을 통해 구체제가 전복된 이후에야 이런 규범이 사람들의 인식과 태도에 직접적으로 영향을 미치게 됐다.

이런 자각이 실질적인 사회적·경제적·정치적 관계를 규제하는 근본적인 규범으로 작동하기 한 것은 19세기에 들어서였다. 공리주의는 이런 규범적 전제를 공공정책과 입법의 토대로 적용하기 시작한 최초의 공공철학이었다. 하지만 20세기에 들어와서는 모든 개인의 선호를 똑같이 간주하는 공리주의적 접근방식 대신에 개인의 개성을 존중해줄 수 있는 새로운 접근방식이 더 절실히 요청되었다.

개인의 권리를 보장해주는 것이 정의의 근본이라는 생각은 정의가 주로 사법적 측면에서 이해되고 있는 현상과 연관되어 있다. 권리로서의 정의 관념은 권리 소유자의 존엄성을 보호·증진시켜주거나 권리 소유자의 기본적인 이익을 보호해주는 것을 정의의 핵심 내용으로 삼는다. 하지만 정의를 권리보호로 이해하는 입장은 정의의 내용을 지나치게 협소하게 규정하는 문제점이 있다. 그뿐 아니라, 정의의 대상을 주로 권리 소유자들과 그들 사이의 관계에만 제한시키고 있어서 사회구조와 상태를 정의의 대상으로 삼는 정의 이론들과는 상당한 차이를 보인다.

예를 들기 위해 노직이 『아나키에서 유토피아로』에서 제시한 이야기를 약간 각색해서 설명해보자. 크리스티아누 호날두는 현재 전세계 축구계의 슈퍼스타다. 그가 축구를 통해 벌어들이는 돈은 일반인들로서는 상상하기도 힘들 만큼 천문학적인 액수에 이른다. 그와 관중들 사이의 소득 격차는 어마어마하다. 하지만 노직의 논리대로라면, 호날두가 부당한 방법이나 불법적으로 돈을 벌지 않는 한 그가 다른 사람들보다 훨씬 더 많은 돈을 갖고 있는 것은 문제가 되지 않는다. 관중들은 그의 탁월한 플레이를 보기 위해 그들이 정당하게 소유하고 있는 돈을 지불했고, 그 돈의 일부는 호날두의 연봉으로 지급되었다. 이 과정에서 어떤 권리 침해도 발생하지 않았다면, 호날두가 남보다 훨씬 더 많은 돈을 갖게 된 것은 전적으로 정당하다는 것이다. 또한 그가 다른 사람들의 권리를 침해하지 않는 한, 자신의 돈을 어떻게 쓰는 것도 전적으로 그의 자유다.

이처럼 노직은 사람들이 서로 권리를 침해하지 않고 자발적으로 수행한 행위의 결과로 불평등이 발생했다면 그것을 부당하게 볼 이유가 없다고 주장한다. 그래서 호날두가 기아에 허덕이며 죽어가는 사람을 도와주지 않는다고 해도 (물론 그는 그런 사람들을 돕겠지만) 그건 부정의한 일이 아니다. 정의를 전적으로 권리의 상호 존중과 보호의 문제로 보기 때문이다. 그래서 노직은 사회정의라는 관념에 아주 부정적이었다. 사회정의를 위해 사회를 재구성하는 과정에서 필히 사람들의 정당한 권리—특히 소유권—를 침해한다고 생각했기 때문이다. 노직은 국가가 재분배를 위해 부자들로부터 누진세를 거둬들이는 행위를 강탈행위로 간주했다.

한국 사회를 배경으로 비슷한 이야기를 해보자. 한국 경제의 두드러진 한 가지 특징은 재벌 가문의 기업 지배다. 모든 기업들이 다 그런 것은 아니지만 대부분 총수 일가가 기업을 소유하면서 경영하고 있다. 이것이 대부분의 재벌 기업들이 한결같이 후계 문제로 진통을 겪는 이유이다. 선대 소유주 겸 최고경영자의 의향에 따라 선대 소유주의 자식들 중 하나가 후계자가 된다.(그 과정이 시끄러우면 여러 자식들이 기업을 나눠 가진다.) 그런데 이런 준^準제도화된 관행은 현대 한국 사회에서 (편법을 동원하기도 하지만) 대개 합법적으로 이루어진다. 선대 소유주가 현행법이 인정해주고 있는 자신의 권리를 행사하여 자식들 중 하나를 후계자로 내세우고, 또 그 후계자가 그 기업을 인수받을 정당한 권리를 가지고 있다면, 그와 같은 기업 승계는 정당하다고 볼 수 있다. 물론 승계 과정에서 주가가 떨어져 수많은 주주들이 손해를 입었다고 주장할 수 있지만, 그 손해는 다소 막연하고 일시적이기 때문에 주주의 권익이 근본적으로 침해당했다고 보기는 어렵다. 그리고 경우에 따라서는 성공적인 후계자 지명으로 인해 오히려 기업가치가 상승하기도 한다. 이처럼 권리의 존중이나 보호의 측면에서 정의의 문제를 바라보게 되면, 한국 사회에서 가족 승계를 통해 재벌 체제가 유지되는 현상을 부정의하다고 비판하기 어렵다. 정의는 전적으로 법적 권리가 존중되고 있는가의 여부에 따라 결정되기 때문이다.

권리보호를 정의로 보는 관점은 우리가 대체로 사회정의의 핵심 영역으로 간주하고 있는 재분배나 공정한 분배의 문제를 정의의 문제로 다루는 것을 거부한다. 아니, 거부하는 정도가 아니라 정의에 어긋난 것이라 비난하기까지 한다. 재분배 혹은 공정한 분배는 불가피하게 개인의 권리(특히 소유권)를 침해한다는 생각에서다. 이런 관점에서 보면 정의는 민주적인 정치과정보다는 주로 사법과정으로 실행되는 것으로 이해될 수밖에 없다.

권리 정의론의 한계

개인의 권리가 신성시되는 현대사회에서는 권리를 상호존중하고 보호해주는 것이 정의라는 인식이 널리 퍼져 있다. 또한 누가 누구의 권리를 침해했는가를 따져서 침해된 권리를 찾아 주는 과정이 정의의 핵심으로 자연스럽게 여겨지기도 한다. 하지만 현대사회에서는 사회정의 관념 역시 그에 못지않게 사람들의 정의감각에 강력한 영향을 미치고 있다. 권리침해의 유무를 가리는 것이 정의라는 인식과 심각한 부의 불평등을 완화시키고 공평한 재분배를 실현하는 것이 정의라는 인식이 공존하는 것이다.(이와 같은 정의관의 충돌 속에서 보수주의자는 권리정의론을 선호하고 진보적인 지식인이나 서민 대중은 사회정의 관념을 강조하는 차이를 보인다.)

정의를 권리보호로 이해하는 관점에는 무엇보다 다음과 같은 문제가 있다. 개인의 권리보호를 정의의 핵심으로 보게 되면 심각한 경제적 불평등이나 교육격차 그리고 고용상의 차별과 같은 사회적 부정의를 시정하지 못하게 된다.

여성을 위한 취업할당제나 대학입시를 위한 지역균등선발 제도를 예로 들어보자. 여성취업할당제는 과거에 여성이 받아온 사회문화적 차별 때문에 여성의 사회 진출이 부당하리만치 낮았다고 보고, 특히 여성 진출이 현저히 낮은 직종에 일정 비율의 여성선발을 강제하는 제도이다. 하지만 이 제도를 실시하게 되면 객관적인 선발기준으로 볼 때 할당제로 선발된 여성보다 더 우수한 자격을 갖춘 남성 지원자가 탈락하는 경우가 발생할 수밖에 없는데, 이것은 탈락한 남성 지원자의 권리를 침해했다고도 볼 수 있다. 이처럼 권리 정의론의 관점에서 보면, 여성취

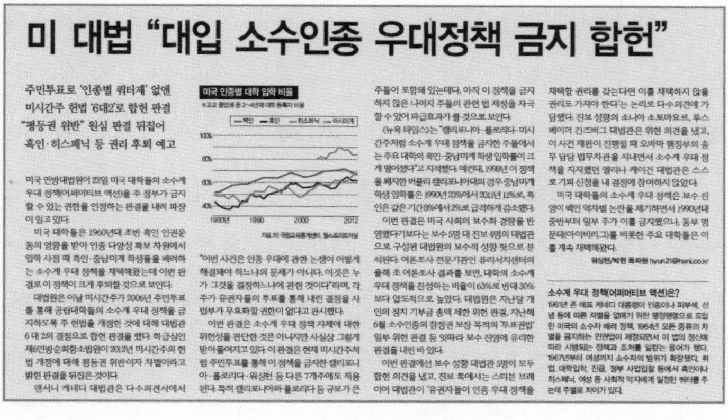

미 대법 "대입 소수인종 우대정책 금지 합헌"

주민투표로 '인종별 쿼터제' 없앤
미시간주 헌법 '6대2'로 합헌 판결
"평등권 위반" 원심 판결 뒤집어
흑인·히스패닉 등 권리 후퇴 예고

미국 연방대법원이 22일 미국 대학들의 소수계 우대 정책(어퍼머티브 액션)을 주 정부가 금지할 수 있는 권한을 인정하는 판결을 내려 파장이 일고 있다.

미국 대학들은 1960년대 초반 흑인 인권운동의 영향을 받아 인종 다양성 확보 차원에서 입학 사정 때 흑인·중남미계 학생들을 배려하는 소수계 우대 정책을 채택해왔는데 이번 판결로 이 정책이 크게 후퇴할 것으로 보인다.

대법원은 이날 미시간주가 2006년 주민투표를 통해 공립대학들의 소수계 우대 정책을 금지하도록 주 헌법을 개정한 것에 대해 대법관 6 대 2의 결정으로 합헌 판결을 했다. 하급심인 제6연방순회항소법원이 2012년 미시간주의 헌법 개정에 대해 평등권 위반이자 차별이라고 밝힌 판결을 뒤집은 것이다.

앤서니 케네디 대법관은 다수의견서에서 "이번 사건은 인종 우대에 관한 논쟁이 어떻게 해결돼야 하느냐의 문제가 아니다. 이것은 누가 그것을 결정하느냐에 관한 것이다"라며, 각 주가 유권자들의 투표를 통해 내린 결정을 사법부가 무효화할 권한이 없다고 판시했다.

이번 판결은 소수계 우대 정책 자체에 대한 위헌성을 판단한 것은 아니지만 사실상 그렇게 받아들여지고 있다. 이 판결은 현재 미시간주처럼 주민투표를 통해 이 정책을 금지한 캘리포니아·플로리다·워싱턴 등 다른 7개주에도 적용된다. 특히 캘리포니아와 플로리다 등 규모가 큰 주들이 포함돼 있는데다, 아직 이 정책을 금지하지 않은 나머지 주들의 관련 법 재정을 자극할 수 있어 파급효과가 클 것으로 보인다.

〈뉴욕 타임스〉는 "캘리포니아·플로리다·미시간주처럼 소수계 우대 정책을 금지한 주들에서는 주요 대학의 흑인·중남미계 학생 입학률이 크게 떨어졌다"고 지적했다. 예컨대, 1998년 이 정책을 폐지한 버클리 캘리포니아대의 경우 중남미계 학생 입학률은 1990년 23%에서 2011년 11%로, 흑인은 같은 기간 8%에서 2%로 급격하게 감소했다.

이번 판결은 미국 사회의 보수화 경향을 반영했다기보다는 보수 5명 대 진보 4명의 대법관으로 구성된 대법원의 보수적 성향 탓으로 분석된다. 여론조사 전문기관인 퓨리서치센터의 올해 초 여론조사 결과를 보면, 대학의 소수계 우대 정책을 찬성하는 비율이 63%로 반대 30%보다 압도적으로 높았다. 대법원은 지난달 개인의 정치 기부금 총액 제한 위헌 판결, 지난해 6월 소수인종의 참정권 보장 목적의 '투표권법' 일부 위헌 판결 등 잇따라 보수 진영에 유리한 판결을 내린 바 있다.

이번 판결에선 보수 성향 대법관 5명이 모두 합헌 의견을 냈고, 진보 쪽에서는 스티븐 브레이어 대법관이 '유권자들이 인종 우대 정책을 채택할 권리를 갖는다면 이를 채택하지 않을 권리도 가져야 한다'는 논리로 다수의견에 가담했다. 진보 성향의 소니아 소토마요르, 루스 베이더 긴즈버그 대법관은 위헌 의견을 냈고, 이 사건 재판이 진행될 때 오바마 행정부의 송무 담당 법무차관을 지내면서 소수계 우대 정책을 지지했던 엘리나 케이건 대법관은 스스로 기피 신청을 내 결정에 참여하지 않았다.

미국 대학들의 소수계 우대 정책은 보수 진영이 백인 역차별 논란을 제기하면서 1990년대 중반부터 일부 주가 이를 금지했으나, 동부 명문대(아이비리그)를 비롯한 주요 대학들은 이를 계속 채택해왔다.

워싱턴/박현 특파원 hyun21@hani.co.kr

미국 인종별 대학 입학 비율
*고교 졸업생 중 2~4년제 대학 등록자 비율

자료: 미 국립교육통계센터, 월스트리트저널

소수계 우대 정책(어퍼머티브 액션)은?
1961년 존 에프 케네디 대통령이 인종이나 피부색, 신념 등에 따른 차별을 없애기 위한 행정명령으로 도입한 미국의 소수자 배려 정책. 1964년 모든 종류의 차별을 금지하는 민권법이 제정되면서 이 법의 정신에 따라 시행되는 정책과 조처를 일컫는 용어가 됐다. 1967년부터 여성까지 소수자의 범위가 확장됐다. 취업, 대학입학, 진급, 정부 사업입찰 등에서 흑인이나 히스패닉, 여성 등 사회적 약자에게 일정한 쿼터를 주는데 주별로 차이가 있다.

사회정의를 추구할 때 개인의 권리와 부딪힐 때가 종종 발생한다. 미국 대법원이 소수자 우대정책 금지가 합헌이라 판결한 것은 소수자 차별의 해소보다 개인의 권리를 우선했기 때문이다.(한겨레, 2014년 4월 24일)

업할당제를 통해 남녀간 고용차이나 불평등을 시정하려는 국가 시책은 개인의 권리를 침해하는 부정의한 일로 간주될 수밖에 없다. 대학입시를 위한 지역균등선발 제도도 마찬가지다. 지역간 사회적·문화적 격차 때문에 불리한 위치에서 대학입시 경쟁에 참여한 학생을 일정 비율 입학시키도록 강제하는 것은 혜택을 받은 학생들에게 성공적인 삶을 살 수 있는 동등한 기회를 주며, 장기적으로 지역간 경제적·문화적 격차를 줄이는 좋은 방법이 될 수도 있다. 하지만 권리 정의론의 관점에서 보면, 그 제도는 객관적인 선발기준으로 볼 때는 당연히 합격시켜야 할 지원자를 (그 제도 때문에 합격한 학생들 때문에) 부당하게 불합격시키는 것이므로 매우 부정의한 제도다.

이와 관련해 권리로서의 정의 관념이 지닌 또 다른 문제점은 그것이 중요한 사회적 목표들을 추구하는 데 큰 장애가 될 수 있다는 점이다. 한 지자체 정부가 많은 사람들의 편익을 위해 특정 지역을 개발하려고 할 때, 그 지역에 사는 몇몇 개인이 재산권을 행사하면서 지역개발을 가로막는 상황을 가정해보자. 이 경우 개인의 '정당한' 권리행사로 대다수 지역민들의 편익이 '정당하게' 무시돼버리는 일이 발생한다. 부동산 경기가 최고조에 달했던 2000년대 후반 우리 사회에서 유행했던 '알박기' 행태가 대표적인 사례다. 당시 일부 사람들은 개발 예정 지역에 약간의 토지를 소유하고서 다수가 이익을 얻을 수 있는 지역개발을 못하게 가로막으며 얼토당토않은 거액의 보상금을 요구했다.

이처럼 권리 정의론은 공동체 전체에 꼭 필요한 사업을 못하도록 방해하거나 개인의 이익을 극대화하는 근거로 활용됨으로써 복지사회로의 개혁을 방해하는 걸림돌이 될 수 있다. 그래서 권리 정의론은 전체 사회를 위한 정의관이 아니라 많은 재산과 기득권을 갖고 있는 사람들에게 유리한 이데올로기라고 비판받기도 한다. 사회주의자나 공산주의자들이 자본주의 사회에서의 정의는 지극히 형식적이며 당파적이라고 비난하는 이유가 바로 여기에 있다.

법의 지배: 형식적 정의와 실질적 정의

사회주의자들이 볼 때 자유주의 사회에서 작동하는 법의 지배 원칙은 진정한 정의를 구현하기 어렵다. 왜냐하면 법의 지배가 아무리 공정하게 집행된다고 해도 법이 담고 있는 실질적인 내용 자체가 정의롭지 않기 때문이다. 이런 지적은 형식적인 정의와 실질적인 정의를 구분해야 할 필요성을 시사해준다. 형식적인 정의는 법의 내용과 상관없이 법이 공정하게 집행될 때 실현되며, 실질적 정의는 법이 공정하게 집행될 뿐만 아니라 집행되는 법의 내용도 정의로울 때 실현된다.

법이 정확히 해석되고 집행되지만 그 법의 실질적 내용이 정의롭지 않다고 가정해보자. 예컨대 합법적으로 노예를 부리며 매질할 수 있고, 신분에 따라 차별할 수 있다고 가정해보자. 그런 경우에는 형식적으로는 정의롭지만 실질적으로는 부정의한 일이 벌어질 것이다. 거기에 법이 불의하고 불공정한 내용을 담고 있다면, 형식적인 법의 지배가 완벽히 이뤄질수록 부정의만 더욱 심화될 것이다.

그러므로 법의 지배를 정의와 연관시켜 논의할 때는 두 단계를 거쳐야만 한다. 하나는 법의 지배가 형식적이고 절차적인 수준에서 결함이 없는가를 따지는 것이고, 또 하나는 적용되는 법의 내용이 실질적인 정의와 부합하는가를 따지는 것이다.

형식적 정의와 실질적 정의의 관계를 도식적으로 정리해보면 다음과 같다. 형식적 정의의 실현 없이 실질적 정의를 일관되게 실현하는 것은 불가능하지만, 형식적 정의가 실현된다고 해서 반드시 실질적 정의가 실현된다고는 볼 수 없다. 법의 내용이 부정의하다면, 형식적 정의의 실현은 실질적 정의를 가져다주지 않는다.

　이런 관점에서 보면, 법의 엄정한 집행이 곧 정의라는 주장에는 현재의 기득권을 유지하려는 보수적인 입장이 깃들어 있을 개연성이 높다. 법치에 대한 보수주의자들의 강조는 절차상 법치에 문제가 없다면 모든 것이 정당하다는 주장을 함축하고 있다. 물론 현재의 법체계가 최소한의 실질적인 정의를 담보하고 있거나 그다지 부정의하지 않기 때문에 그렇게 주장할지도 모른다. 하지만 보수주의자들은 현재의 질서를 유지하는 것이 그들의 이해관계에 부합하므로, 법을 엄정하게 집행하는 것이 정의라고 주장하는 경향이 있다. 반면 진보주의자들은 현존하는 법체계가 실질적인 정의에 맞지 않는 측면이 있고, 따라서 그 법을 바꾸지 않으면 사회에 존재하는 실질적인 부정의를 해소할 수 없다고 주장하는 경향을 보인다.

　하지만 법치의 공정한 집행—곧 형식적 정의—이 정의사회를 실현하는 데 반드시 필요한 경우가 있다. 법이 완벽하지는 않지만 그 내용이 대체로 정의롭거나 치명적인 악법이 아닐 경우가 그렇다. 이 경우 법치를 통한 정의의 실현은 법의 엄정한 해석과 집행에 달려 있다. 심지어 부정의하거나 불공정한 내용을 담고 있는 법일지라도 공정하게 해석되고 집행된다면, 장기적으로 볼 때 형식적인 정의와 실질적인 정의가 일치할 가능성이 있다. 법의 공정하고 엄정한 집행은 그 자체가 공정성이라는 정의의 한 측면을 강화시키는 효과가 있다. 이후에 법의 내용이 적절한 과정을 거쳐 바뀐다면 장기적으로 공정한 법치는 실질적 정의를 향상시키는 데 기여할 것이다.

한편으로 법의 내용이 아무리 정의롭고 바람직하다고 해도 그 법을 왜곡해서 해석하고 불공정하게 집행한다면 정의가 실현되기 어렵다. 법은 법관의 해석을 통해서만 살아 움직인다. 법관이 그 법을 잘못 해석하거나 일부러 왜곡해 해석한다면 아무리 훌륭한 법도 실질적인 정의를 실현시켜줄 수 없다. 요컨대 정의로운 법치주의는 법의 실질적 내용이 정의로워야 할 뿐만 아니라 그 법이 올곧은 법관들의 성품을 통해 공정하게 집행될 때에만 온전히 실현될 수 있는 것이다.

10장

정의와
능력주의

자본주의 사회에서 가장 일반적으로 사용되고 있는 분배의 기준은 능력과 공헌(=기여)이다. 여기서 능력은 사회적 부를 산출하는 데 실질적인 기여를 할 수 있는 개인의 역량으로, 일반적으로 공헌desert과 동일시되기도 한다. 대개 능력이 있는 자가 큰 공헌을 하고, 많은 공헌을 한 자가 능력이 있다고 여겨지기 때문이다. 하지만 엄밀히 말해 재능과 능력 그리고 공헌은 각각 다르다. 재능은 타고난 소질로서 말하자면 사회적으로 유익한 일을 수행할 수 있는 잠재력이며, 능력은 그 잠재력이 개발되어 실질적인 역량으로 전환된 상태를 의미한다. 하지만 능력은 선택과 운에 따라 실제로 유익한 재화와 용역 그리고 혜택을 창출할 수도 있고 그렇지 못할 수도 있다. 따라서 엄밀히 말해 능력과 공헌도 다르다. 공헌은 능력이 실제로 발휘되어 사회적 혜택을 창출할 때 발생하는 것으로, 대개 능력이 필요한 일이지만 반드시 능력에만 달려 있는 것은 아니다. 능력이 실제로 공헌으로 전환되는 과정에는 행위자의 선택과 노력 그리고 행위만이 아니라, 그와 전혀 상관없는 요인들—자연적 혹은 사회적 운—도 추가적으로 작용하기 때문이다. 능력을 공헌으로 전환시키는 데 작용하는 운의 범위와 정도는 상황마다 차이가 있기 때문에 일률적으로 규정하기 어렵다.

이렇듯 개인의 능력은 자연적·사회적 운에 영향을 받기 때문에 그 자체만으로는 정당한 분배의 유일한 기준이 될 수 없다. 이런 운들의 영향을 배제하거나 균등하게 만들지 않고서는 말이다.

그러면 노력은 어떤가? 타고난 재능과 노력 그리고 공헌의 관계는 매우 복잡하지만 대체로 능력이 뛰어나고 공헌을 많이 한 사람일수록 노력도 많이 한 것으로 평가되는 경향이 있다. 이 때문에 노력은 독립적인 평가기준이라기보다는 능력이나 공헌에 포함되어 있는 요소로 간주되곤 한다. 하지만 같은 노력을 기울였지만 전혀 다른 수준의 능력을 갖고 있는 운동선수나 학자, 사업가들을 볼 수 있고, 더 많은 노력을 기울였음에도 불구하고 그렇지 않은 사람보다 능력이 떨어지는 경우도 많이 찾아볼 수 있다.(앞에서 나온 모차르트와 살리에리의 예를 기억해보라.) 공헌도 마찬가지다. 어떤 사람은 많은 노력을 기울였음에도 불구하고 사회에 이바지한 바가 없고 어떤 사람은 별 노력을 기울이지 않았음에도 불구하고 큰 기여를 한 경우가 있다. 이런 경우에 정의로운 분배는 어떤 것을 기준으로 삼아야 하는가? 대체로 능력과 공헌이 정의로운 분배의 기준이 될 것이다. 솔직해 말해서 노력한 만큼 대가를 주는 것이 정의롭다는 주장은 그다지 보편적인 지지를 얻지 못하고 있다.

능력주의 혹은 업적주의 사회는 사회적 재화를 능력과 공헌에 비례하여 분배하는 것이 정의롭다고 간주한다. 하지만 이렇게 한다고 해서 정의가 정확히 실현되는 경우는 드물다. 여기에는 몇 가지 중요한 요인이 있는데 첫번째는 능력과 공헌을 정확히 측정할 수 없는 기술의 한계이며, 두번째는 (사회적 부와 재화가 복잡한 노동분업의 산물로 간주되는 상황에서) 다양한 능력이나 공헌 가운데 어떤 것에 더 높은 가치를 두어야 하는가에 대한 판단의 어려움이다. 그리고 세번째는 능력이나 공헌에는 개인이 어찌해볼 수 없는 운적인 요소가 개입한다는 점이다.

먼저 능력이나 공헌을 정확히 측정할 수 없는 기술적 한계의 사례를 들어보자. 어떤 프로스포츠구단에서 능력이 출중하다고 판단한 선수를 거액의 비용을 들여 영입했는데, 기대와 달리 팀 성적에 거의 기여를 못했다고 해보자. 이런 경우를 흔히 '먹튀'라고 부른다. '먹튀'는 그 선수에 대한 평가가 애초에 부정확해서 생긴 결과일 수도 있고, 다른 요인들(부상이나 부담감, 새 팀에 적응 실패 등) 때문에 그 선수가 제 기능을 다 발휘하지 못한 결과일 수도 있다.(능력에 따라 분배하는 원칙은 미래지향적인 성격을 갖고 있다. 앞으로 그 선수가 어느 정도의 공헌을 할 수 있을지 예측해서 스카우트를 하지만 그가 기대대로 해줄지는 미리 알 수 없다. 이런 결과의 차이는 미리 예상하지 못한 다른 요인들로 생긴 것이므로 그 운동선수에 지불한 연봉이 적정했는지에 대한 평가를 넘어선 문제이다.) 어떻든 결과적으로는 팀에 대한 공헌이라는 측면에서 실패한 투자였다고 볼 수 있다.

반대로 저렴한 비용으로 영입한 별 볼일 없던 선수가 예상외

대박과 먹튀 사이 몸값 전쟁… 구단·선수·팬 원원 해법 뭘까

프로야구 FA 시장은 능력과 공헌에 대한 평가와 보상을 놓고 치열한 다툼이 벌어지는 현장이다. 성적은 비슷해도 어떤 선수는 많은 돈을 받고 '대박' 계약을 하는 반면 다른 선수는 적은 연봉에 만족해야 하는 경우도 있다. 이는 스포츠에서도 개인의 능력을 정확히 측정하는 것이 얼마나 어려운 일인지 보여준다.(서울신문, 2013년 11월 30일)

의 큰 공헌을 했다면 그 비용 역시 적정한 수준이 아니었다고 할 수 있다. 이렇듯 선수의 능력은 그가 이제까지 거둔 성적(공헌)으로 평가하지만, 그가 앞으로 거둘 성적(공헌)은 미래에 가서야 알 수 있다. 때문에 능력에 대한 평가와 공헌에 대한 평가는 기술적으로 정확히 측정하기 어려워 완벽한 정의를 실현할 수 없다. 때로는 과소한 보상을, 때로는 과도한 보상을 해줄 수 있는 것이다.(능력은 과거의 공헌에 근거해서, 그리고 앞으로의 공헌은 현재의 능력에 근거해서 측정되기 때문에 능력과 공헌은 부분적으로 서로를 규정하는 관계에 있다.)

어떤 능력과 공헌에 더 높은 가치를 부여해야 하는가?

다음으로는 여러 능력이나 공헌 중 어디에 더 높은 가치를 두어야 할지의 문제 때문에 정의가 완벽히 실현되기 어려운 이유를 살펴보자. 이와 연관된 흥미로운 고전 이야기가 있다. 그것은 그것은 기원전 11세기경 벌어진 트로이 전쟁에서의 에피소드다. 호메로스의 서사시 『일리아드』로 잘 알려진 이 전쟁은 그리스 연합군의 승리로 끝나는데, 종전 후 그리스의 영웅 아킬레우스의 유품을 둘러싸고 오디세우스와 아이아스가 다툼을 벌이게 된다.(트로이 전쟁은 스파르타의 왕 메넬라오스의 왕비 헬레네가 트로이의 왕자 파리스의 유혹에 빠져 남편과 딸을 버리고 트로이로 건너가면서 촉발되었다. 이 사건으로 극심한 모욕을 느꼈던 메넬라오스는 아내를 되찾기 위해 자신의 형인 미케네의 왕 아가멤논에게 트로이 정벌을 요청했다. 그리하여 그리스 연합군이 창설되어 트로이 전쟁이 시작되었다.)

전쟁 중 전사한 영웅 아킬레우스의 유품(갑옷)을 누가 받을 것인가 하는 문제는 오디세우스와 아이아스에게는 초미의 관심사였다. 그것은 목마에 병사들을 숨겨서 트로이를 함락한 오디세우스의 지략과, 수많은 전투에 직접 참여하여 혁혁한 공을 세운 아이아스의 전투능력 중에서 어느 것을 더 높게 평가할 것인가 하는 문제였기 때문이다. 여러 장군들의 투표 결과 오디세우스가 유품을 받게 되었다. 이에 아이아스는 자신의 공적이 낮게 평가된 것에 격분하여 자결하고 만다.

이 이야기는 누구나 동의할 수 있는 정의의 객관적 기준을 수립하는 것이 결코 녹록치 않은 일임을 시사해준다. 오디세우스는 자신이 세운 공적에 부합하는 보상을 받았다고 생각했을 것이다. 하지만 아이아스는 그에 동의할 수 없었다. 오디세우스는 직접 전투에 참가한 경우가 드물었다. 반면에 아이아스는 수많은 전투에서 칼을 휘두르고 상처를 입으며 승리를 거뒀다. 그는 이런 자신의 능력과 공적이 아킬레우스의 갑옷을 받기에 더 적합하다고 확신했다. 이와 같은 자신의 믿음이 부인되자 아이아스는 난동을 부린 끝에 자결하고 만 것이다.

아킬레우스의 갑옷을 둘러싼 오디세우스와 아이아스의 분쟁은 응분의 몫을 나누는 데 적용할 공정한 기준을 세우는 문제가 또 다른 시비의 원인이 될 수 있다는 것을 보여준다. 각자에게 각자가 받아 마땅한 몫을 주는 것이 정의라는 점에는 누구나 동의할 수 있다. 하지만 오디세우스의 지략과 아이아스의 전투능력 중 어느 것을 더 높은 가치로 삼아야 하는가? 그리스 연합군은 표결이라는 민주적인 방법을 통해 오디세우스의 지략에 손을 들어주었다. 하지만 아이아스는 아무리 전략이 좋아도 궁극적으로 전쟁을 승리로 이끄는 것은 뛰어난 전투능력과 용맹함이라고 믿었기 때문에 그 결정에 승복할 수 없었다. 그는 실전 능력을 기준으로 결정하는 것이 정의라고 생각했던 것이다. 만일 아이아스가 난동과 자결로 끝을 맺지 않고 더 적극적인 적대행위를 했다면, 그리스에 커다란 파국이 초래되었을 것이다. 이처럼 공적에 부합하는 응분의 몫을 할당하는 문제는 분배하는 자의 공정성과 정확한 판단, 자기의 몫을 받는 자의 동의와 수용과 더불어 경쟁자가 분배받은 몫에 대한 인정이 일

자결을 준비하는 아이아스. 호메로스의 서사시 『오디세이아』에서 오디세우스는 저승에 가서 먼저 죽은 아이아스를 만나게 된다. 오디세우스는 그에게 화해를 청하지만 아이아스는 거절한다. 응분의 몫에 대한 판단과 이에 대한 원만한 동의는 망자에게도 어려운 법일까?

치할 때만 원만히 해결될 수 있다. 이 중 한 가지 요소에만 문제가 생겨도 정의 실현은 어려워지고, 공동체는 혼란과 위기에 빠질 수 있다.

　이와 같은 예는 우리 주변에서 얼마든지 찾아볼 수 있다. 공동 프로젝트를 수행하는 집단에서는 그 프로젝트의 성공이나 실패와 관련하여 누가 가장 큰 책임을 져야 하는가를 두고 많은 논란과 분쟁이 일어나곤 한다. 우리가 일상적으로 보는 수많은 노사분규는 그런 논란의 전형적인 예이다. 한 기업이 일정한 수익을 거뒀을 때, 생산에 참여한 각 주체들의 능력이나 공헌이 이익창출에 얼마만큼 기여했는가를 정확히 평가한다는 것은 사실상 불가능하다. 경영진이 가장 큰 기여를 했는가, 아니면 노동자들이 가장 큰 기여를 했는가? 이런 평가를 더 세부적으로 진행시켜보면, 경영진 중에서 최고 경영자가 가장 큰 기여를 했는가 아니면 노동자를 직접 상대하는 중간 경영자들이 가장 큰 기여를 했는가? 그리고 노동자들의 경우에도 사무직 노동자들이 가장 큰 기여를 했는가 아니면 생산직 노동자들이 가장 큰 기여를 했는가? 완벽한 정의는 이런 세세한 부분까지도 정확히 측정할 수 있을 때 실현될 수 있을 것이다. 게다가 측정에 기술적인 어려움이 없더라도, 각 주체들은 자신의 능력이나 기여를 스스로에게 유리하게 평가하는 경향이 있기 때문에 이익을 분배할 때 논란이 발생할 수밖에 없는 것이다.

능력과 운

능력과 공헌에 따라 보상하는 것이 정의라는 아이디어가 부딪히는 또 다른 딜레마가 있다. 능력이 전적으로 개인의 노력으로만 개발되고, 또 공헌이 전적으로 개인의 노력과 능력을 통해서만 달성되는가에 대한 의문 때문이다. 천재적 지능, 미모, 운동감각 같은 것들은 타고난다고 여겨진다. 그런 것을 얻기 위해서도 어느 정도 개인의 노력은 필요하지만, 노력한다고 해서 모두가 같은 정도의 지능과 미모 그리고 운동기량을 갖게 되는 것은 아니다.

앞에서 소개한 바 있는 푸시킨의 희곡 『모차르트와 살리에리』는 정의와 관련하여 타고난 능력의 차이가 얼마나 큰 딜레마를 가져오는지 드라마틱하게 보여준다. 이 작품은 타고난 재능과 사회적 기여에 작용하는 운의 요소를 중립화시킬 수 있을 때만 진정한 정의를 구현할 수 있다는 메시지를 던져준다. 어떤 시대, 어떤 문화와 사회에서 태어났는가 하는 것은 궁극적으로 개인이 어찌해볼 수 없는 운에 달려 있다. 마찬가지로 어떤 가문과 사회계층에서 어떤 성별로 태어나는가도 전적으로 운에 달려 있다. 미국 사회에서 능력을 발휘하여 큰 성공을 거두는 사람들은 대체로 백인 중산층 이상의 가정에서, 남성으로 그리고 좋은 유전자를 가지고 태어난 사람들이다. 이처럼 성공에 결정적인 영향을 미치는 요인 중 상당수가 운에 의해 좌우된다면, 한 사람이 큰 성공을 거뒀다고 해서 그 성공에 따르는 모든 혜택을 누릴 만한 마땅한 자격이 있다고 주장할 수 있는가? 그가 자기 능력을 발휘하여 큰 성공을 거두게 된 데는 그의 노력으로 될 수 없는 자연적·사회적인 행운이 작용하지 않았는가? 만일 그와 같은 행운이 없었더라도 그런 성공을 거둘 수 있었을까? 이런 관점에서 보면, 능력과 공헌에 비례하여 보상하는 것이 정의라는 생각은 인간이 통제할 수 없는 근원적인 불평등(혹은 불공정함)—즉 운에 의해 결정되는 불평등—을 감안하지 않은 것이므로 문제가 있다.

능력이나 공헌에 따라 보상하는 것이 정의라는 시각의 문제점은 능력이 뛰어나 큰 성공을 거뒀다고 여겨지는 많은 경우들이 실상은 행운의 결과였다는 사실에서 분명히 드러난다. 능력이 있는 자가 성공한다는 뿌리 깊은 신념은 개인의 성공이 다

른 요인에 좌우될 수 있다는 엄연한 진실을 보지 못하게 만든
다. 그래서 성공한 사람들은 모두 특별한 능력을 갖고 있는 것
처럼 신격화하는 경향을 낳는다.

우리 사회에서 능력에 따른 차등적 보상을 정의로 보는 관점
이 얼마나 뿌리 깊게 박혀 있는가를 알아보기 위해 다음과 같
은 상황을 가정해보자. 대통령을 비롯한 일부 거물 정치인, 재
벌그룹의 총수, 대표적인 벤처기업 사장, 스크린과 브라운관의
스타, 스포츠 영웅, 유명한 변호사와 의사 등 흔히 크게 성공했
다고 하는 사람을 만나 "당신은 참 운이 좋은 사람이군요"라
고 말한다면 그는 과연 어떤 반응을 보일까? 아마도 "그렇습니
다"라고 겸손해하기보다는 십중팔구는 아주 불쾌한 표정을 지
을 것이다. 왜냐하면 그 말은 그가 능력과 노력보다는 운 때문
에 성공했다는 의미이기 때문이다. 성공한 사람이 때로 "운이
좋았을 뿐입니다"라고 말하는 경우도 있긴 하지만 이는 자신의
성공에 대한 겸손한 표현일 뿐, 정말로 자신이 운으로 성공했
다고 생각하는 경우는 드물다. 반면에 사업에 실패한 사람에게
"당신은 참 불운하군요"라고 말하면 다소의 위안을 줄 수 있을
텐데, 그것은 실패를 그의 무능력이 아닌 운 탓으로 돌려 자존
심을 세워주기 때문이다. 만일 실패자 앞에서 "당신은 참 무능
력하군요"라고 말하는 사람이 있다면 그는 몸 성히 그 자리를
떠날 수 없을 것이다.

성공과 실패의 이유를 운에 돌릴 때 예상되는 이상의 반응은

우리 사회에서 '능력'이라는 요소가 얼마나 높이 평가되고 있는지를 잘 보여준다. 능력은 많은 부와 소득, 좋은 대우와 존경을 안겨주는 성공의 열쇠이며 자부심의 가장 중요한 원천이다. 그래서 성공을 능력이 아닌 운 덕분으로 돌리게 되면 대부분의 사람들은 언짢아하는 것을 넘어 자존심까지 크게 상한다.

우리 사회의 지배적인 통념이 된 '능력에 따른 분배' 원리는 매우 중요한 기능을 수행한다. 그것은 무엇보다도 빈곤한 사람들의 불만과 저항을 억제시켜 사회질서를 유지하는 역할을 한다. "유능해야 성공한다"라는 통념의 이면에는, 실패한 사람은 무능하기 때문에 그렇게 된 것이므로, 성공한 사람이 누리는 특권과 자신의 초라한 처지를 군말 없이 받아들이라는 암묵적인 메시지가 담겨 있다. 이 메시지는 다방면의 지속적인 선전과 교육을 통해 개인들에게 내면화되어, 가난하고 소외된 자들이 불만을 가지지 못하도록 작용한다. 이런 내면화 과정은 성공한 사람에게도 동일하게 일어난다. 그들은 자신의 성공은 자신의 능력 때문이라고 믿으며, 실패자의 불우한 처지는 무능력의 당연한 결과였다고 생각하게 된다. 나아가서 사회와 국가가 실패자를 도울 경우 더욱 많은 무능력자들이 발생할 것이라고 진심으로 우려하기까지 한다.

하지만 혹시 우리는 상황의 전말을 바꾸어 판단하고 있지는 않은가? 다시 말해, 성공이라는 결과를 보고 성공한 사람이 유능하다고 판단하고 있는 것은 아닌가? 우리는 복권당첨과 같은 명백한 경우가 아닌 한, 어떤 사람의 지금 현재를 보고 능력을 판단하는 데 익숙해져 있다. 돈을 많이 벌거나 높은 지위에 오른 사람 또는 큰 권력이나 명예를 누리는 사람을 보고, 능력이 출중해서 성공했을 것이라 생각해버리는 경향이 있다는 말이다.

하지만 곰곰이 생각해보면 사회적으로 크게 성공한 사람 중에는 탁월한 능력보다는 그저 남보다 좋았던 운 때문에 성공한 경우가 허다하다. 보통 능력도 안 되는 사람이 대성공을 거둔 사례도 많다. 오래전에 수십억 원의 복권에 당첨되어 현재 남들이 부러워 할 정도로 잘 살고 있는 사람은 그 사실을 모르는 대부분의 사람들에게는 성공한 사업가로 비춰질 것이다. 재벌과 대기업의 2세 3세 경영주도 궁극적으로는 탁월한 능력보다는 행운 때문에 성공한 사람이다. 과거에 강남 개발과 같은 뜻밖의 행운 때문에 거부가 된 부동산 졸부 역시 지금은 특별한 능력이 있어서 성공한 사람으로 여겨지고 있을 것이다.

성공이란 결과를 통해 사람의 능력을 판단하는 관행의 오류는 다음과 같은 두 가지 가상적 예를 통해서도 확인할 수 있다. 도박왕을 뽑는 대회에 1000명의 도박사가 참가했다고 가정해보자. 모든 참가자들의 실력은 다 우열을 가릴 수 없이 비슷하다. 그러나 대회가 무승부 없는 토너먼트라면, 무조건 첫번째 도박에서 500명이 탈락하고 500명만이 2회전에 진출하게 될 것이다. 토너먼트가 계속된다면 도박사들의 수는 절반씩 줄어들어 6회전에 이르면 32명이, 7회전에 이르면 16명만 남게 될 것이다. 즉 1000명 중 16명은 확률상 반드시 6번 연속해서 승리를 거두도록 되어 있다. 단지 그 16명이 누가 될지를 모를 뿐이다. 16명의 승리자들이 다른 도박사들에 비해 능력이 떨어진다고 할 수는 없지만 그렇다고 다른 탈락자들보다 더 특출한 능력이 있다고 보기도 어렵다.

그들이 여섯 번의 승리를 거두기까지는 알 수 없는 크고 작은 행운들이 작용했을 것이다. 상대가 지난 밤 과음을 해서 두통을 앓았다든지 아들이 아프다는 소식을 전해 듣고 경쟁자가 갑자기 기권을 하게 된 행운을 만났던지, 아니면 자신의 컨디션이 갑자기 최고조에 달한 우연 때문이었던지 어떻든 16명의 도박사들은 매 순간 작용하는 운 때문에 승리할 수 있었다. 만일 같은 도박대회를 다음에 또 한다면 6회전을 통과한 16명의 얼굴은 모두 바뀔 수도 있다. 이런 시나리오는 절대적으로 공정한 상황에서 벌어지는 경쟁에서 운이 중요한 역할을 한다는 사실을 보여준다.

또 다른 예로 매우 무능력한 펀드매니저들로 구성된 주식시장을 가정해볼 수 있다. 무능한 펀드 매니저 1000명이 1대 1의 투자대결을 벌여 진 사람은 시장에서 떠나는 게임을 진행한다면, 16명의 펀드매니저는 반드시 6번의 승리를 거두고 생존하게 된다. 이들은 아마 다른 사람들에게는 투자 능력이 대단한 인물로 각광을 받을 것이다. 물론 주식시장이 전반적으로 상승세

다이너마이트의 발명자이 자 노벨상의 창설자인 알 프레드 노벨. 노벨은 다이 너마이트를 발명할 때 우 연한 사고로 획기적인 아 이디어를 얻었다. 또한 발 명 당시 유럽에서 활발히 토목공사가 벌어졌으며 큰 전쟁도 잇따랐기에 그 의 사업이 번창할 수 있 었다. 이렇듯 사업의 성공 에는 능력만이 아니라 운 이 크게 개입한다.

를 타고 있을 때는 이들도 높은 수익률을 기록할 수 있다. 그러 나 주식시장이 하락세로 접어들면 이들의 성과가 순전히 운의 결과였다는 사실이 백일하에 드러날 것이다.

이와 같은 논리는 불확실성으로 가득 차 있는 시장경제에도 적용할 수 있다. 자본주의 시장경제에서는 성실하고 유능한 수 많은 사업가들이 경쟁하고 있다. 하지만 시장경제의 생리상 결 과적으로 소수의 사업가만이 큰 성공을 거두게 된다. 성공한 사업가들은 능력이 뛰어나기도 하겠지만, 대개의 경우는 다 열 거할 수도 확인할 수도 없는 수많은 요인들 때문에 성패가 좌 우된다. 사업의 성격, 국내·외의 경제상황, 지정학적 요인, 기후 변화, 개인의 건강상태와 심리상태, 자연재해와 전쟁 같은 돌발적인 변수의 등장 등 개인이 어찌할 수 없는 수많은 요인이 사업의 성공에 영향을 미친다. 능력이 아주 출중해도 운이 없어서 실패한 수많은 사업가들의 이야기는 운의 중요성을 잘 보여준다.

이처럼 개인적 성공과 실패에는 자신의 능력이나 판단을 초월한 자연적·사회적·지정학적 운이 작용하고 있다. 만일 운이 닿지 않았더라면 성공은 다른 사람의 몫이 되고 자신은 패배의 쓴잔을 마셔야 했을지도 모른다. 그렇기에 사회적으로 성공을 거둔 사람들은 자신의 능력을 으스대기보다는 성공을 가져다준 운의 작용에 감사해야 할 것이다. 또한 역지사지易地思之의 태도로 불운 때문에 곤경에 빠지게 된 사람들의 처지를 헤아릴 줄 아는 아량과 겸허함을 갖춰야만 한다. 그럼에도 불구하고 자신의 능력이야말로 성공의 최대 요인이었다고 주장하는 사람들은 스스로 다음과 같이 자문해볼 필요가 있다. "나의 능력은 순전히 내가 노력해서 얻게 된 것인가?"

11장

절박한 처지의
사람들을
구제하는 것이
정의인가

대부분의 현대사회에서는 부와
재화를 분배할 때 일차적으로 '능력에 따른 보상' 원칙을 적용
한다. 남보다 상대적으로 더 뛰어난 능력을 발휘하는 사람들이
그렇지 않은 사람들보다 더 많은 몫을 차지하는 게 정당하다
고 생각하는 것이다. 우리는 이런 원칙에 익숙해져 있어서 이를
보편타당한 정의 원칙으로 여기는 경향이 있다. 예를 들어, 우리
는 탁월한 경영 능력을 가진 사람이 높은 연봉을 받고 평범한
사원들이 적은 연봉을 받는 것이 당연하다고 생각하며, 미적 감
각과 기술이 뛰어난 성형외과 의사가 형편없는 미적 감각과 기
술을 갖고 있는 성형외과 의사보다 월등히 많은 부를 획득하는
것이 정당하다고 생각한다. 마찬가지로 뛰어난 기량을 지닌 운
동선수가 그렇지 않은 선수에 비해 훨씬 더 많은 상금이나 연
봉을 받는 것이 옳다고 생각한다.

　능력에 따른 차등 분배는 사회의 자원을 최대한 효율적으로
활용할 수 있는 좋은 방법이라고 여겨지며 동서고금의 모든 사
회에서 채택해온 정의 원칙이었다. 그리고 현대사회에서 효율적
인 사회 관리와 기업경영의 중요성이 더욱더 강조되면서 모든
사회제도와 기업경영을 능력주의─혹은 업적주의─에 따라 운
용할 필요성이 더 커졌다고 볼 수 있다. 자본주의 체제의 발전
은 이런 추세를 더욱 가속화시켜 능력주의 원칙을 현대사회의

으뜸가는 분배원칙으로 올려놓았다. 상대적으로 더 많은 부를 창출할 수 있는 유능한 사람에게 보상을 해주어야만 기업이 더 많은 이윤을 획득할 수 있기 때문이다.

하지만 사회적 부와 재화가 반드시 능력에 따라서만 분배되고 있는가? 그리고 그런 방식으로 분배하는 것만이 정당하다고 볼 수 있는가? 평범한 가정에서의 자원 분배를 예로 들어보자. 가족 내에서는 자원을 분배할 때 반드시 능력에 따라 분배하지 않는다. 부모가 학업성적이나 다른 능력의 우열에 따라 자녀를 차등적으로 대한다고 가정해보라. 그래서 학업성적이 좋은 아이에게는 용돈을 더 많이 주는 것은 물론 더 좋은 옷과 신발을 사준다. 그 가정은 부모에게서 더 많은 것을 얻기 위해 경쟁하는 아이들끼리의 시기와 질투로 인해 가족으로서의 일체감이나 정체성을 유지하기 어려울 것이다. 가족 사이에 필요한 사랑과 희생의 미덕도 증발하고 말 것이다.

이번에는 자녀들 중 한 아이가 신체장애를 겪고 있는 가정을 생각해보자. 이 가정에서도 자원을 능력주의에 따라 공정하게 분배한다는 원칙을 고수한다면 과연 어떤 일이 벌어질까? 장애를 지닌 아이의 삶은 멀쩡한 몸을 지닌 아이들의 삶에 비해 훨씬 더 초라하고 빈약해질 수밖에 없을 것이다. 하지만 우리는 이런 가정을 결코 이상적이거나 정상적이라고 보지 않는다. 오히려 경찰에 신고해야 할 문제 가정이라고 생각할 것이다. 우리가 이상적으로 생각하는 가정은 자원을 능력에 따라 분배하지 않고 다른 기준에 따라 분배하는 가정이다. 즉 장애가 있는 아이를 더 많이 지원하는 게 옳다고 생각한다. 정상적인 부모라면 능력 있는 아이를 위해 써야 할 몫의 일부마저도 장애아에게 써야 한다고 생각할 것이다. 실제로 부모들은 장애가 있는 아이에게 더 많은 정성을 기울인다. 만일 장애아에게 더 많은 자원을 사용하는 부모에게 공정성을 잃었거나 정의롭지 못하다고 비난한다면 오히려 그렇게 비난하는 사람이 욕을 먹을 것이다.

대부분의 사람이 서로에게 이방인으로 존재하는 대규모 사회가 가정과 같은 사랑과 헌신의 덕목에 따라 운영되기는 어려우며, 또 그렇게 운영되어서도 안 될 것이다. 대규모 산업사회에서는 사람들이 서로를 모르기 때문에 엄격한 경쟁논리에 따라 부와 재화를 분배하는 것이 공정하다고 여겨진다.

하지만 가족의 예를 통해 보았듯, 현대 자본주의 사회에서도 모든 부가 다 능력에 따라 분배되는 것은 아니다. 모든 부와 재화가 능력에 따라 분배할 때 사회의 효율성이 크게 증가해 무능한 사람들까지도 혜택을 볼 것이라는 주장도 있지만 모든 부와 재화를 오직 능력에 따라서만 차등 분배하는 사회는 아이러니하게도 극도의 비효율성과 붕괴의 위협에 빠질 수 있다.

장기적으로 보면 능력에 따른 분배 원칙만을 강조하는 사회는 유능한 자들에게도 결코 유리하지 않다. 왜냐하면 그렇게 해서 사회가 소수의 부유층과 다수의 빈곤층으로 나뉘게 되면 부유층은 가난에 시달리는 다수의 불만과 적개심을 억누르

기 위해 튼튼한 치안 등에 많
은 부를 소모해야 할 것이기
때문이다. 더구나 소수 특권
층의 재산과 생명을 보호하는
경찰들 역시 나날이 거세지는
빈자들의 저항을 막아주는 대
가로 점점 더 많은 보수를 받
지 않는다면 굳이 특권층을
보호해야 할 동기를 찾지 못
할 것이다. 그럴 바에야 차라
리 다수의 빈자들 편에 가세
해 가진 자들의 것을 나눠갖
는 게 낫다고 생각할 수도 있
다. 그렇게 갈수록 치안비용
은 늘어만 가고, 그러면서도

우리 사회에서 고소득층과 저소득층의 격차는 점차 커지고 있다. 이런 상황은 사회의 안정성을 해쳐 결국 고소득층에게도 부메랑으로 돌아가게 된다.(ⓒ미디어카툰 김은영 작가)

일반 대중의 불만과 적개심이 누그러지기는커녕 더욱더 커질
것이다. 한편으로 점점 궁핍해지는 사람들은 소비할 여력이 없
어 기업이 생산해놓은 상품들은 재고로 쌓이게 될 것이며, 이런
상황은 결국 유능한 자들이 더 큰 수익을 거둘 수 있는 기회마
저도 앗아버릴 것이다.

이처럼 '능력에 따른 분배'를 정의의 유일 원칙으로 밀어붙이
는 것은 (유능한 자들에게 더 큰 혜택을 주는) 사회 자체를 붕괴시

11장 절박한 처지의
사람들을 구제하는 것이
정의인가

키는 모순적인 상황을 초래할 수 있다. 그러므로 '능력에 따른 분배' 원칙은 그 원칙의 일방적인 적용 때문에 발생한 심각한 부정의들을 시정할 수 있는 대안적인 분배 원칙을 필요로 한다.

필요에 따른 분배

능력에 따른 분배에 대한 가장 대표적인 대안은 '필요에 따른 분배'다. 사실 필요에 따른 분배는 능력에 따른 분배와 더불어 모든 사회가 다 알게 모르게 활용해온 방식이다. 예컨대 앞에서 본 가족 내에서의 자원 분배는 '능력'보다는 오히려 '필요'에 기준을 두고 있다. 부모는 자신은 끼니를 거르면서도 자식에게는 좋은 음식을 먹이고 좋은 옷을 입히려고 한다. 특히 아픈 아이에게는 전재산을 털어서라도 건강을 되찾아주려고 한다. 이처럼 부모들은 아이들이 사회의 유능한 일원으로 성장해가는 데 필요한 모든 조건을 다 갖춰주려고 노력한다.

혹자는 가족은 대규모 사회와 달리 특수한 운명공동체이기 때문에 사회와는 다른 분배방식이 적용될 수밖에 없다고 반박할 수도 있다. 하지만 그렇게 주장하는 사람은 우리 사회는 물론 미국과 같은 사회에서도 많은 독지가와 자선 사업가들이 활동하고 있다는 사실을 주목할 필요가 있다. 그들은 열악한 처지에 있는 사람들에게 익명으로 기부하거나 공익재단을 세워 유익한 사회사업을 한다. 또한 쓰나미나 태풍 그리고 세월호사건과 같은 재난을 당한 사람들을 돕기 위해 봉사활동을 하는 수많은 사람들과 막대한 모금 액수를 보라. 그들은 어떤 이해관계도 없이 딱한 처지의 사람들을 위해 정성을 모은다. 도움을 주는 자와 받는 자들 간에는 이전에 어떤 관계도 없었다. 그럼에도 불구하고 그들은 힘들여 획득한 부의 일부를 망설임 없이 나눠준다.

우리는 또한 김밥을 팔거나 행상으로 일생 동안 모은 돈을 사회에 환원한 노인의 미담을 적지 않게 듣는다. 이런 예들은 능력에 따른 분배 말고도 다른 분배의 기준이 사회에 존재한다는 것을 보여준다. 그중에서도 필요는 오랜 세월 동안 거의 모든 사회가 채택해온 또 한 가지 기준이다. 동서고금을 망라한 대부분의 사회에서 빈민법이나 구빈법이 광범위하게 존재했다는 사실이 이것을 입증해준다.* 우리 역사에도 고구려 때 이미 진대법이라는 구휼 제도가 존재했다. 이 제도는 흉년이나 춘궁기에 백성들에게 곡식을 빌려주고 수확기에 돌려받는 식으로 생활의 안정을 도왔다. 이런 법제도들은 빈곤한 사람들의 절박한 필요를 충족시켜줌으로써 노동력의 재생산과 사회질서의 안정을 유지하는 데 기여했다.

필요를 사회적 분배의 유력한 기준으로 삼게 된 데는 크게 두 가지 요인이 작용했다. 하나는 위에서 설명한 것처럼 절박한 필요에 처한 이들의 요구를 무시할 경우 그들이 사회의 안정을 위협하는 세력이 될 수 있다는 우려이다. 사회의 유력자들이 빈

● **역사 속의 사회복지제도**
고구려의 진대법은 우리 역사에 기록된 가장 오래된 복지제도다. 고려시대에는 홀아비·과부·고아·독거노인을 구휼하는 환과고독진대지제가 존재했으며, 빈민구제사업을 맡는 기관으로 제위보가 있었다. 조선은 법전인 경국대전에 백성 구휼의 규정을 담았으며, 국립의료기관인 혜민서, 양로원에 해당하는 기로소, 고아원에 해당하는 유접소 등의 기관이 존재했다.

곤하거나 병든 자들의 필요에 관심을 갖는 것은 이런 위협 요인을 미리 제거하거나 최소화하고자 하는 의도일 수 있다. 미리 약간의 양보로 필요를 어느 정도 충족시켜줌으로써 절박한 이들이 가진 불만과 적개심을 누그러뜨리는 것이 낫다는 판단에서 말이다.

하지만 필요에 따른 분배 원칙이 전적으로 인간의 타산성이나 신중함 때문에 생겼다고 볼 수는 없다. 절박한 필요에 처한 이들을 보고 동정심이 드는 것은 인간의 본성이다. 우리는 사회의 엘리트 계층에 속하는 일부 지식인들이 사회의 가장 열악한 지위에 있는 자들의 생존과 복지를 위해 헌신하는 모습을 사회에서 자주 발견할 수 있다. 또한 일부 정치인들이 사회의 빈곤 계층을 위해 노력하고, 적지 않은 사람들이 무주택자와 노약자 그리고 병약자들을 위해 자원봉사하는 것을 본다. 부자들이 막대한 기부금 내는 경우도 많다. 절박한 상황에 처한 이들을 위한 제도적·비非제도적 장치들을 순전히 기득권층의 계산적인 술책으로만 생각하는 것은 인간의 본성과 사회관계를 너무 삭막하게 본 것이다.

이렇듯 필요에 따른 분배 원칙이 나온 두번째 요인은 타인의 고통에 대한 동정심이라고 볼 수 있다. 자신도 언젠가 불우한 상황에 처할 수 있다는 상상을 하기에 우리는 불우한 처지의 사람을 보며 딱한 감정을 품으며, 도와주는 것이 마땅하다고 생각한다. 이런 관점에서 보면, 필요에 따른 분배 원칙은 결국 미래의 불행에 대비하고자 하는 모든 사람의 공통된 심리를 바탕에 깔고 있다고 볼 수 있다. 즉 필요에 따른 분배 원칙은 상호주의라는 상식적 정의관을 확장시킨 것으로 이해할 수도 있는 것이다.

필요는 사회정의의 정당한 근거가 될 수 있는가?

그렇다면 정의로운 분배기준으로서의 필요는 어떤 특징을 갖고 있는가? 필요에 대해서도 응분의 몫을 요구하는 것이 합당한가? 여기서는 분배 기준으로서 필요의 특성에 대해 알아보고, 그것이 사회정의의 적합한 기준이 될 수 있는지 살펴보자.

어떤 사람이 절박한 필요가 있다면 그 필요에 대해 응분의 몫을 요구할 수 있을까? 이런 주장은 매우 기이하게 들리며, 응분 원칙(각자에게 각자의 몫을 주는)을 그릇되게 적용한 것으로 보인다. 필요는 응분과는 다른 분배의 근거로 이해할 필요가 있다. 필요에 따른 분배 원칙은 응분의 몫이라는 전통적인 자유주의적 기준들—노력과 능력 그리고 공헌—과 독립적일 뿐만 아니라, 언뜻 보면 모든 사회에서 보편적인 정의 원칙으로 통용되어온 상호주의 원칙과도 부합하지 않는 것으로 보인다. 예컨대 중병으로 아무런 일도 못하고 오랫동안 침상에 누워 있는 사람은 전적으로 타인에 의존해야만 하며, 조금도 보답할 수 없다. 이 때문에 필요는 정의의 기준이라기보다는 인간애의 대상으로 이해되기도 한다.

　하지만 롤스처럼 상호주의를 사회구조를 수립하는 단계에서
부터 작용하는 원칙으로 보면, 필요를 정의로운 분배의 한 기
준으로 수용하는 것이 얼마든지 가능하다. 사람들이 자신과 그
후손들이 살아갈 사회의 정의 원칙들을 수립하려 할 때, 앞으로
자신들과 후손들이 당면할 수도 있는 최악의 상황을 미리 가정
해보고 그에 대비할 수 있는 원칙을 세우기로 동의할 수 있기
때문이다.

　서로 일면식도 없는 사람들이 모여 공동생활을 하기로 결정
하고, 필요한 기본 원칙들을 세우는 상황을 가정해보라. 이들은
모두가 인격적으로 평등하고 자유롭기 때문에 모두가 자유롭
게 동의할 경우에만 공존의 원칙을 수립할 수 있다. 이들은 또
한 혼자 사는 것보다 공동생활이 자신의 안전을 지키고 가치관
을 실현하는 데 유리하다고 판단했음 직하다. 따라서 공동생활
에 참여하는 모든 사람들이 다 공동생활의 혜택을 누려야 한다
는 대원칙 위에서, 이들은 어떤 방식으로 사회의 재화와 부담을
분배하는 것이 올바를지 합의하려고 할 것이다.

　이들은 인생을 살아가며 자신들이 처할 수 있는 여러 가지
상황들을 가정해보고, 어떤 경우에도 모두 최소한의 인간다운
삶을 영위할 수 있기를 바랄 것이다. 특히 정의의 원칙은 단 한
번의 합의로 정해지지만 전 생애에 걸쳐 지속적인 영향을 미치
기 때문에 (매 순간을 모험적인 한탕주의 정신으로 사는 대책 없는

사람이 아니라면) 자신들이 가장 어려운 상황에 빠졌을 때조차도 최소한의 기본적인 필요를 충족시킬 수 있는 안전한 체제를 만드는 데 동의할 개연성이 크다. 이처럼 필요에 따른 분배 원칙은 응분의 몫의 연장선상에서 보기는 어려워도 상호주의라는 가장 오래된 정의 원칙을 확장시킨 것으로 볼 수 있다.

하지만 (사회정의의 기준으로서) 개인의 필요라는 기준은 너무 막연해 보인다. 예컨대 내가 하와이에 가고 싶다고 하와이에 가는 데 필요한 자원을 국가에 요구할 수 있을까? 내가 소주보다는 위스키를 좋아하기 때문에 내 구미에 맞는 위스키를 마실 필요가 있다고 주장한다면, 아무도 거들떠보지 않을 것이다. 또한 내가 타워팰리스와 같은 고가의 아파트에 살고 싶다고 해서 사회에 그런 나의 필요를 충족시켜줄 의무가 있다고 볼 수 있겠는가? 이와 같은 예들에서 알 수 있듯이, 단순히 어떤 것을 필요로 한다고 해서 사회적 재화의 일정 몫을 무작정 요구한다면 그것은 매우 부정의한 일이 되고 말 것이다. 무한대의 생산력을 갖춘 이상적인 사회를 전제하지 않는 한, 개인의 모든 필요를 충족시켜주는 것이 정의라는 주장은 매우 불합리하다. 더구나 개인의 사치스러운 필요를 사회가 충족시켜주는 것은 정의에 부합하기는커녕 개인을 도덕적으로 타락시키는 결과만을 가져올 것이다. 가능하지도 바람직하지도 않은 일이다.

그러므로 필요가 정의로운 분배의 합당한 기준이 되기 위해서는 매우 까다로운 조건을 충족시켜야만 한다. 요컨대 사회정의의 대상이 될 수 있는 필요는 충족되지 않을 경우 그 사람의 생명이 위협을 받는다든지 아니면 중대한 피해를 입는다든지 하는 부류의 것이어야만 한다. 다시 말해 다른 사람들이 그 개인의 필요를 충족시켜줘야 한다는 강력한 도덕적 의무를 느낄 수 있을 정도로 긴급하고 절대적인 것이어야만 한다.

내가 자전거보다는 페라리 스포츠카를 타고 싶어 한다는 사실에 타인들이 강력한 도덕적 의무감을 느끼지는 않을 것이다. 반면에 굶주려 죽어가고 있는 사람이나 긴급히 치료받지 않을 경우 죽을 것이 빤한 환자의 경우에는 사회가 그 사람을 도와주려는 강력한 의무감을 느낄 수 있다. 이처럼 필요는 충족시켜주면 좋지만 꼭 그렇게 하지 않아도 되는 것과, 타인이나 사회가 반드시 충족시켜줘야 할 의무감을 느끼는 긴급한 필요로 구분할 수 있는데, 사회정의는 후자에 한하여 적용되는 것으로 볼 수 있다.

필요를 정의로운 분배의 적합한 기준으로 채택하기 위해서는 또 하나의 난관을 돌파해야 한다. 특히 이 난관은 물질적 생활 여건이 크게 향상된 데서 비롯된다. 그것은 오늘날과 같은 풍족한 사회에서 '필요'라는 기준이 사회의 자원을 분배하는 적절한 기준이 될 수 있는가 하는 의문이다. 한국만 하더라도 빈곤의 보릿고개를 넘던 시절과는 비교할 수 없을 정도로 비약적인 경제성장을 달성했다. 지금은 대부분의 사람이 조선시대의 고관대작도 누리지 못한 좋은 음식과 의복 그리고 각종 생필품을 누리며 산다. 적어도 현재는 극소수를 제외한 대부분의 사람이 최소한의 생계를 유지하는 데 지장이 없다. 그렇다면 기본적인 필요에 따라 사회의 자원을 분배할 필요가 있다는 주장은 설득력이 없지 않은가?

발전한 국가에 국한시켜 볼 경우 최소한의 생계보장이라는 기준이 갖는 호소력은 과거에 비해 크게 떨어졌다고 볼 수 있다. 하지만 생존이란 관념을 단순하게 이해해서는 곤란하다. 생존이 근근이 살아가는 단순한 생명연장을 의미하는가 아니면 인간으로서 최소한도의 자존감을 지키며 살아가는 것까지도 포함하는가? 아주 미개한 사회에서는 생존이 생명의 단순한 연장을 의미할 수도 있다. 하지만 오늘날의 한국 사회에서는 생존을 그렇게 보기는 어렵다. 기본적인 의식주는 물론 최소한의 문화생활을 즐길 수 있는 교육과 물질적 복지도 생존의 필요조건에 해당할 것이다. 18세기에 애덤 스미스가 지적했듯이, 로마 시대에는 귀족이라도 린넨 셔츠를 입지 못했지만 스미스가 살았던 시대에는 아무리 가난한 노동자라 해도 셔츠 없이 사람들 앞에 나타나는 것을 부끄럽게 여겼다. 다시 말해 로마인에게 셔츠는 기본적 생존에 필요한 품목이 아니었지만, 18세기 스코틀랜드인에게는 셔츠가 생존에 필요한 기본 수단으로 간주되었던 것이다. 이처럼 생존은 단순한 물질적인 조건뿐만이 아니라 문화적인 요소까지를 포함하는 개념이다. 그래서 생존에 필요한 요목은 시대와 사회에 따라 크게 다를 수 있다.

게다가 필요를 정의로운 분배의 기준에서 제외시키자는 입장은 세계 인구의 과반이 아직 빈곤 상태에 있다는 사실을 간과하고 있다. 사실 우리 사회를 비롯해 발달한 나라에서도 절대적인 빈곤에 처한 사람들이 적지 않다. 그들에게는 생물학적 생존에 필요한 식량과 의복 그리고 의약품이 절실하다. 풍요로운 사회의 상징인 미국에서도 노숙자의 수는 약 300만 명으로 추정된다.

비#서구권 국가들의 경우에는 절대 빈곤층의 비율이 훨씬 더 높다. 일부 아프리카 국가들의 경우에는 매년 굶어죽는 사람들의 수가 수십만 혹은 수백만에 달한다는 보고가 있다. 절대빈곤층의 비율이 높은 이런 국가들에서는 '기본적인 필요'라는 개념이 더욱 유효하다고 볼 수 있다.

이런 관점에서 보면, 필요라는 요소가 오늘날에는 더 이상 정의로운 분배의 적절한 기준이 될 수 없다고 주장하는 것은 지나치게 단순하고 성급할 뿐만 아니라 부도덕한 측면이 있다.

우선주의와 충분주의

필요 개념과 연관된 자유주의적 정의 원칙으로서 추가로 고려해볼 것은 우선주의와 충분주의이다. 자유주의는 개인의 자유와 책임을 강조하기 때문에 가장 긴급한 필요에 처해 있는 사람들에게 '우선적으로' 자원을 배분하는 우선주의를 취할 수

도 있다. 그것이 긴급한 필요에 처한 개인의 자유를 크게 증진시킬 수 있기 때문이다. 그 결과 보다 평등한 분배가 이루어질 수도 있지만, 무엇을 어느 정도로 우선해야 할지 다양한 선택지들이 존재할 수 있기 때문에 우선주의가 반드시 평등을 증진하리라는 보장은 없다. 그리고 우선적으로 고려한다는 사실이 반드시 그들의 필요를 '충분히' 만족시켜주리라는 보장도 없다. 그러므로 우선주의는 당위적인 측면에서 재분배 정책이 지향해야 할 일반적인 방향은 제시해줄 수 있을지언정 구체적인 정책을 입안하는 데는 별로 도움이 되지 않는다.

충분주의 역시 어느 정도가 충분한 것인지가 모호하기 때문에 유사한 문제점에 부딪힌다. 사람들에게 무엇이 그리고 어느 정도가 충분한가 하는 기준은 시대와 사회마다 다르며 심지어 사람마다 다를 수도 있다. 충분한 몫을 주는 것은 평등주의

11장 절박한 처지의 사람들을 구제하는 것이 정의인가

와 상관이 없기 때문에 사회주의적이라는 비판에서는 자유로울 수 있다. 하지만 충분함의 정도는 저마다 편차가 심하기 때문에 특정 개인에게 충분한 자원을 제공하는 것이 객관적으로는 불공평하거나 부정의한 결과를 낳을 수도 있다. 누구나 충분한 몫만큼만 가지고 나면, 그 다음은 어떤 원칙에 따라 분배하든 정의롭다고 여겨질 것이기 때문에 충분주의는 심각한 불평등마저도 정의로운 상태로 평가할 수도 있다. 이렇게 되면 충분주의는 심각한 불평등을 정당화하는 이데올로기로 전락해버릴 것이다.

12장

통합적
이상으로서의
정의

지금까지 **노력, 능력,** 공헌 그리고
필요라는 정의의 기준을 살펴보았다. 그리고 이 기준들이 지니
고 있는 각각의 문제점과 한계도 살펴보았다. 어떤 기준이든 독
자적으로는 완벽히 정의로운 사회구조를 만들 수 없다. 모든
기준이 나름대로 합리성을 갖고 있어서 이를 다 고려하지 않는
정의 원칙은 결함이 있기 마련이다. 그렇다면 남아 있는 과제는
이 기준들을 통합시켜 이상적인 정의 원칙을 구성하는 일일 것
이다. 그것이 아주 어렵다면 적어도 기준들을 가장 이상적으로
조화시킨 타협안을 마련하는 일일 것이다. 이 장에서는 서로 다
른 분배 원칙을 통합하는 몇 가지 방식을 살펴보고 나서 우리
사회에 알맞은 정의 원칙의 범위를 제시해보고자 한다.

한 사회에서 살게 될 모든 사람들이 자유롭고 합리적일 뿐만
아니라 평등하고 정의감이 있다고 가정할 때(사람에게 정의감이
없다면 어떤 정의 원칙도 쓸모가 없다), 그리고 그들이 살게 될 사
회의 기본구조가 모든 사람들에게 성공적인 삶을 살 수 있는
'공정한 기회'를 제공해주는 것이 옳다고 가정할 때, 사회구성원
들 모두가 소중하게 여기는 주요한 재화들—부, 소득, 학벌, 권
력 혹은 공직의 기회, 그리고 자존감을 유지하는 데 필요한 조
건들 등—을 정의롭게 분배하기 위해서는 어떤 원칙을 채택해
야 할까?

이 질문에 답하기 전에 먼저 질문에 다소 장황한 가정을 단 이유를 설명하려 한다. 이미 살펴본 바와 같이 모든 정의 원칙은 그것이 적절했던 특정한 시대나 사회 그리고 인간관을 전제로 하고 있다. 고대 그리스의 도시국가에서 통용된 지배적인 정의관은 그 시대 그 지역에 살고 있던 사람들의 문화와 특성을 반영했다. 그 때문에 그것들은 (적어도 상당한 수정을 거치지 않는 한) 우리가 사는 현대사회나 유교문화가 지배했던 조선시대에는 적합하지 않을 것이다. 그리고 조선시대에 지배집단을 이뤘던 유림세력이 지지한 정의와 홍길동이 표방한 정의가 달랐던 것과 같이, 같은 시대에 살고 있는 사람들이라 하더라도 서로의 입장과 의견이 다르다면 전혀 다른 정의관을 지지할 수도 있다. 이런 중요한 사실을 감안하지 않고 모든 사람이 다 여기서 제시된 정의관들을 지지하리라고 가정하는 것은 지극히 비현실적일 것이다.

예컨대 (신분제 사회의 지배집단이나 20세기 초반의 파시스트들이 그랬던 것처럼) 인간이 본디 불평등한 존재라고 생각하거나 약육강식 원리가 지배하는 승자독식의 사회가 좋은 사회라고 생각하는 사람들은, 모든 사람을 도덕적·인격적으로 평등한 존재로 생각하는 사람들과 동일한 정의관을 공유하기 어렵다. 이들의 인간관과 좋은 사회의 비전이 서로 양립하기 어려울 정도로 멀리 떨어져 있기 때문이다. 그러므로 여기서 제시된 몇 가지 해법들은 적어도 모든 인간을 도덕적으로 평등하다고 가정하는 사람들이 수용할 수 있는 것들임을 말해둔다. 평등주의를 수용하면서도 좋은 사회를 승자독식의 정글로 생각하는 사람들의 경우에는, 여기서 소개되는 해법 중 일부에 대해서는 호감을 가질지 모르지만 그 외 다른 해법들에 대해서는 거부감을 가질 것이다.

최소생계보장과 능력주의의 결합

모든 사회구성원이 도덕적으로 평등한 존재들이라 가정할 때 사회의 주요 재화를 어떻게 분배하는 것이 정의로울까? 이 질문에 대해 능력주의적인 해법, 최소생계보장(혹은 기초생활보장)과 능력주의(또는 공리주의)를 결합한 해법, 롤스의 차등원칙, 그리고 평등분배 등을 제시할 수 있다. 이 중에서 평등분배 해법은 자유주의 사회의 근본 원칙들과 정면으로 충돌하고, 능력주의는 (10장에서 설명한 바와 같은 문제점을 안고 있을 뿐만 아니라) 상이한 분배 원칙을 통합시킨 정의 원칙으로 보기 어렵다. 그러므로 여기서는 이 두 가지를 제외하고 최소생계보장과 능력주의를 결합한 해법과 롤스의 차등원칙만을 비교·검토해보기로 한다.(기본소득보장* 해법도 있지만 그 논거가 최저생계비보장과 크게 다르지 않기 때문에 따로 다루지는 않겠다.)

먼저 최소생계보장과 능력주의를 결합시킨 해법을 살펴보자. 10장에서 살펴본 바와 같이 능력주의는 사회적 재화를 능력과

● **기본소득제도**
아무런 심사 없이 모두에게 무조건 현금을 지급하는 파격적인 복지정책이다. 재산이 많든 적든, 직업이 있든 없든, 모든 사회 구성원에게 동일한 금액의 소득을 지급한다. 나미비아와 알래스카 등에서 시험적으로 실시하고 있으며, 최근 핀란드가 국가 단위로는 최초로 기본소득 도입을 결정했다.

공헌에 비례하여 분배하는 것이 정의롭다고 간주한다. 하지만 능력주의 사회는 능력을 정확히 측정할 수 없는 기술적인 한계, 다양한 능력의 상대적 중요성을 평가하는 일의 어려움, 그리고 능력에 개입하는 운적인 요소의 문제 때문에 그 자체로서는 완벽한 정의 원칙이 되기 어렵다. 그렇다고 해서 개인들의 서로 다른 능력과 노력에 차등적인 보상을 해주지 않는 것도 결코 정의롭다고 볼 수 없다. 최소생계보장과 능력주의를 결합시킨 해법은 바로 이와 같은 문제의식을 반영한다. 이 해법은 사회의 모든 구성원에게 삶을 영위하는 데 필요한 최소생계 수단을 보장해주는 한편, 개인이 최대한 자신의 능력을 발휘하도록 자극하기 위한 차등적인 보상을 허용한다.

한국사회에 이 해법을 적용해보자. 2016년 현재 한국에서 4인 가족 기준 최저생계비가 현금 170만 원—여기에는 기본 생활비와 교육 및 의료비가 포함돼 있다—이라면, 정부(중앙 및 지방정부)는 이 기준에 미달한 모든 가구에게 복지 재정을 우선적으로 투여해 170만 원의 소득을 보장해준다. 이 해법은 최저생계비를 보장해주는 것으로 사회정의를 실현해야 할 국가의 의무를 다했다고 간주한다. 최저생계비 수준이나 바로 그 위에 위치하는 가구의 자녀들에게 기본적 공교육 이상의 교육을 받을 기회를 제공해줄 수 없어 아쉽기는 하지만, 모든 가구에 최소한의 생계를 보장해주었으니 모든 국민을 평등한 시민으로 대우해준 셈이라는 것이다. 만일 이 이상으로 분배하고자 한다면, 그것은

12장 통합적 이상으로서의 정의

근면하고 능력이 있는 사람들이 애써 획득한 재화를 부당하게 빼앗는 부정의와 다름없다고 본다.

　이 해법은 다음과 같은 긍정적인 측면을 갖고 있다. 첫째, 모든 사회구성원에게 능력과 상관없이 최소생계를 보장해줌으로써 인간의 도덕적·인격적 평등 원칙을 구현한다. 동시에 불운으로 인해 자신의 능력을 개발할 수 없었거나 불우한 처지에 빠지게 된 개인의 상황을 개선시켜줌으로서 인간사에 작용하는 운의 영향력을 어느 정도 완화시킨다. 둘째, 능력 차이에 따른 차등적인 보상을 인정해줌으로써 (최소생계보장과 더불어) 개인이 자신의 능력을 개발하도록 유인함과 동시에 사회적 부의 총량도 극대화할 수 있게 해준다. 그리고 이런 방식으로 증대된 사회적 부의 총량은 향후 사회가 최저생계비 수준을 올리는 데 기여함으로써 개인의 자기계발을 돕고 이것은 또 다시 사회의 번영을 촉진한다.

　이런 긍정적인 측면에도 불구하고, 최소생계보장과 능력주의를 결합한 해법은 다음과 같은 한계 또한 지닌다. 첫째, 자연적·사회적 운의 불공정한 작용을 충분히 완화시키지 못함으로써 모든 사회구성원에게 '공정한' 기회를 제공해주지 못한다. 이 해법을 채택할 경우, 사회의 기층민들은 최소한의 기본 생활을 누리는 데 만족해야 하며 자신의 능력과 소질을 충분히 개발하기 힘들다. 최저생계비는 없는 것보다는 훨씬 더 나을 것이다. 하지만 그것은 존엄한 존재로서 개인이 자아를 온전히 실현하는 데는 턱없이 부족하다. 이런 처지는 여전히 궁극적으로 개인이 어찌해볼 수 없는 자연적·사회적 불운 탓이기에 불공정하기까지 하다. 나아가서 다수 사회구성원이 자신의 능력과 소질을 충분히 개발할 수 있는 기회를 갖지 못하는 것은 사회의 성장과 발전을 위해서도 결코 도움이 되지 않는다. 뛰어난 재능이 있지만, 집안이 가난해 그 재능을 펼치지 못하는 익숙한 경우를 생각해보라. 이렇게 불운한 다수의 능력과 소질이 사장되어버리면 사회적으로도 손해다.

둘째, 이 해법은 사회의 모든 구성원에게 최저생계비를 지원해주는 것으로 정의의 요구—특히 최소한의 '기본적 필요'—를 충분히 만족시켰다고 간주하기 때문에 정의에 대한 더 이상의 요구를 부당한 것으로 보게 만든다. 사회는 능력이 없는 자나 게으른 자를 포함해서 모든 구성원에게 최저생계비를 지원해준다. 이것으로 충분하지 않은가? 사회에 무엇을 더 바라는 것인가? 무능하고 게으른 사람이 사회에 그 이상의 것을 요구한다는 것은 유능하고 부지런한 사람의 정당한 몫을 빼앗는 것이므로 부당한 일이 아닌가? 이 해법은 이런 논리로 쉽사리 흐르는 경향이 있다.

물론, 원칙적으로 보면 이 해법이 꼭 추가적인 정의 실현에 반대하지는 않는다. 지금의 경제 수준에서는 이 이상의 정의(분배)를 실현하는 것은 (초기의 공리주의자들이 주장한 것처럼) 무리이므로, 경제가 충분히 더 성장할 때까지 요구를 미뤄둘 뿐이라고 할 수 있기 때문이다. 역사를 돌이켜보면, 이 논리는 절반은 맞고 절반은 틀렸다. 경제성장의 초·중기 단계에서는 급속한 성장을 위해 분배적 정의의 요구가 항상 뒷전으로 밀렸으며, 그렇게 나중으로 미뤄두는 게 현실적으로 필요한 측면이 있었다. 하지만 고도성장이 끝난 풍요의 단계에서는 부의 사회적 양극화가 오히려 지속적인 경제성장을 가로막는 요인이 되고 있기 때문에 그 논리의 허점이 드러난다. 특히 오늘날 구매력이 부족한 다수 빈곤층의 소비 부진이 추가적인 경제성장에 심각한 장애가 되고 있다는 진단은 사회정의를 추구하면 경제성장이 어렵다는 주장을 정면으로 반박한다. 그러므로 최소생계보장과 능력주의를 결합시킨 해법은 고도성장 단계에 있는 국가에 한해 여전한 설득력을 갖고 있지만, 일단 풍요의 단계에 접어든 국가에서는 그 타당성을 거의 잃어버렸다고 할 수 있다. 능력주의가 예전처럼 고도의 경제성장을 이끌지 못할 뿐만 아니라, 최소생계보장이 정의의 요구를 충분히 만족시키지도 못하는 이유에서다.

롤스의 차등원칙

서로 다른 분배 원칙들을 통합시킨 또 다른 정의 원칙은 롤스의 차등원칙이다. 이 원칙은 처음 세상에 등장한 1971년 이후 지금까지 사회정의에 관한 가장 영향력 있는 입장으로 군림

해왔는데, 그 원칙 자체의 타당성보다는 그 아래 깔려 있는 중요한 통찰들로 큰 영향을 미쳐왔다. 여기서는 롤스의 통찰들을 살펴봄으로써 롤스가 내놓은 차등원칙이 지닌 장점과 한계를 살펴보고자 한다.

사람들이 태어나서 죽을 때까지 살아가는 사회의 정의 원칙을 결정할 때 타고난 개인적·가족적·사회적 배경을 알고 있다면 어떤 정의 원칙을 선택하게 될까? 만약 자신과 사회에 대한 모든 정보를 알고 있다면, 분명 자신에게 가장 유리한 정의 원칙을 선택하리라 보는 것이 합리적이다. 반면에 정의 원칙에 영향을 줄 수 있는 모든 요인들을 모르는 상황에서 단 한 번의 선택으로 자신이 일생동안 살게 될 사회의 정의 원칙을 선택한다면 어떨까? 그럴 때는 어느 누구에게도 유리하거나 불리하지 않은 원칙을 택하게 될 것이다. 즉 자신이 불리한 처지더라도 (예컨대 자신이 소수민족이나 빈곤층이더라도) 최소한의 인간다운 삶을 살 수 있게 해주는 정의 원칙을 선택하게 될 확률이 높을 것이다. 그래서 롤스는 자신이 어떤 재능을 가지고 태어났으며, 어떤 성격과 어떤 성性으로, 또 어떤 가문에서 태어났는가와 같은 변수를 모두 배제시키기를 원했다. 이것이 그가 자신의 개인적 특성이나 사회적 지위 등을 전혀 모르게 만드는 '무지의 장막'이라는 개념을 설정한 의미다.

롤스가 이런 요소들을 정의 원칙의 선택과정에서 배제한 데는 또 다른 중요한 도덕적 이유가 있다. 그것은 이런 요인들이 개인의 선택이나 노력으로 정해지지 않고 순전히 운으로 결정되기 때문이다. 어떤 철학자들—예를 들어 하이에크와 노직—은 개인이 타고난 많은 요인들은 우연히 그렇게 된 것이므로 정의롭거나 부정의하다고 평가할 수 없다고 여겼다. 하지만 롤스는 그렇게 생각하지 않았다. 롤스는 사람들이 운 덕분에 혜택을 얻었을 때 그것을 누릴 만한 정당한 도덕적 근거가 없다면, 그것은 진실로 자기 것이 아니라 사회의 공동 자산으로 간주해야 한다고 생각했다. 더구나 그런 요인들이 일생에 걸쳐 모든 개인의 행복과 불행에 지속적으로 양향을 미치는 것이라면 더욱더 그렇게 해야 한다고 생각했다.(물론 그렇다고 해서 롤스가 개인의 모든 것을 다 정의로운 분배의 대상으로 본 것은 아니다. 그도 사고하고 판단하며 도덕적인 행위를 할 수 있는 개인의 능력은 개인의 소유로 보고 있다. 이에 대해서는 다시 한 번 설명할 것이다.)

사람들의 타고난 재능·성격·용모·신체적 특징 등은 모두 개인의 노력이나 선택으로 획득된 것이 아님에도 불구하고 평생토록 개인의 사회적 성공과 실패에 심대하고도 지속적인 영향을 미친다. 운이 좋은 사람은 여러 가지 좋은 것들을 갖고 태어나고, 불운한 사람들은 여러 가지 나쁜 것들을 동시에 짊어진 채 태어난다. 만약 스스로 선택한다면 그 누가 행운을 택하지 않고 불운을 택할 것인가? 말하자면 누가 영화배우 김태희의 수려한 외모나 피겨스케이터 김연아의 유연한 신체 대신에 추한 용모와 장애를 지닌 사람으로 태어나기를 원하겠는가? 그리고 누가 아인슈타인의 탁월한 두뇌 대신 지적장애를 가지고 태어나기를 원하고, 재벌가의 2세가 아니라 쓰러져가는 반지하 월세집 부부의 2세로 태어나기를 원하겠는가? 롤스의 무지의 베일은 이와 같은 타고난 요인이 사회적 재화를 둘러싼 경쟁 과정에서 지나치게 부당한 영향을 미치지 못하도록 막는 장치인 것이다.

하지만 능력과 공헌의 차이를 완전히 무시해버린다면 어떤 일이 벌어질까? 개인이 능력을 얻고 행사하는 과정에 운이 작용한다고 해서 능력과 공헌에 따른 보상 원칙을 전면적으로 부정해버리는 것은 정당하며 또 바람직한 일일까? 그것은 그 사람이 발휘한 능력과 공동체에 기여한 부분을 전혀 인정하지 않기 때문에 부정의한 것은 아닌가? 나아가서 능력이나 공헌을 고려하지 않는 부의 분배는 사회 전체에 손해가 될 뿐만 아니라 빈곤층을 비롯한 다수 서민에게도 불이익이 되지는 않을까? 즉 정의롭지만 아무도 원하지 않을 사회로 만들어버리지는 않을까? 개인들이 능력을 발휘하여 사회에 공헌하고 있을 때, 그런 공헌을 순전히 운이 좋은 덕분으로 돌리며 전혀 보상해주지 않는다면 어떤 일이 벌어질까? 그렇게 되면 대부분의 사람은 자신이 재능을 갖고 있다는 사실을 숨기거나 재능을 개발하지 않을 것이며, 결국 개인적으로나 사회적으로나 큰 손실이 발생할 것이다.

능력과 공헌에 따른 보상만이 정의롭다는 생각이 일방적인 것과 마찬가지로 능력과 공헌의 차이를 완전히 무시하는 것 또한 우리의 일상적인 정의감각과 맞지 않는다. 따라서 관건은 정의로운 보상을 해줘야 할 능력 및 공헌의 범위와 정의로운 보상의 대상이 되어서는 안 되는 능력과 공헌의 범위를 정확히 구분하여 전자에 대해서는 합당한 보상을 해줄 수 있는 방법을 찾는 것이다. 하지만 이 과제는 현실의 난점에 부딪히게 된다. 어떻게 그것을 정확히 구분할 수 있는가? 개인의 공헌 중 무엇이 노력과 선택으로 이룬 것이고 무엇이 운의 작용으로 이룬 것인가? 그것이 애초에 구분될 수는 있는가?

롤스는 이 문제를 우회하면서도 많은 사람들이 설득력 있게 받아들일 만한 독창적 해법을 제시했다. 그것은 (미래 세대를 포함한) 모든 구성원이 살게 될 사회를 공정하게 만듦으로써, 그들 각자가 성공적인 삶을 살 수 있는 가능성을 동등하게 만들어주는 것이다. 다시 말해 모든 개인이 사회가 제공하는 기회와 자원을 잘 사용할 경우 누구나 자신이 원하는 삶을 누리는 걸 기대할 수 있는 사회구조를 만드는 것이다. 그렇게 되면 사회의 주요 재화를 능력과 공헌에 따라 차등적으로 배분하는 것이 그리 큰 부정의를 일으키지 않을 수 있기 때문이다. 그리고 만약의 경우를 대비하여, 최소수혜자 계층(사회에서 가장 열악한 계층)에게 유리하게 작동하는 재분배 원칙을 정해놓는다면 심각한 부정의를 크게 완화시킬 수도 있을 것이다. 이것이 바로 롤스가 서로 경합하는 분배 원칙들을 (일정한 조건이 충족될 경우) 우선순위를 정해 통합시킨 방법이었다.

이해를 돕기 위해 롤스가 구상한 정의로운 사회를 좀 더 구체적으로 묘사해보자. 먼저 이 사회는 모든 아이들이 건강한 신체를 가지고 합리적인 사고와 판단을 내릴 수 있는 성인으로 성장할 수 있도록 어렸을 때부터 지원을 아끼지 않는다.(그렇다고 사교육을 금지시키지는 않는다.) 예를 들어 어린이 양육비와 의료비를 지원해주고, 상당히 높은 수준의 의무 공교육을 실시하는 데 국가 재정의 상당 부분을 '우선적으로' 사용한다. 이런 환경에 자라나는 아이들은 사회적 재화를 둘러싼 경쟁이 공정하다는 생각을 하게 되고, 자신도 노력만 하면 성공적인 삶을 살 수 있다는 기대를 가질 수 있다. 더구나 이 사회에서는 정부기관과 사기업을 포함한 다양한 직장에 취업할 수 있는 공정한 기회가 주어지기 때문에, 누구나 자신이 원하는 직장에 취업하리라는 기대를 품을 수 있다.

이 사회는 추가적인 안전망 또한 갖추고 있다. 기본적으로 모든 사회구성원이 상당히 높은 수준의 교육을 받고 건강한 신체를 가지고 있을지라도, 남들보다 더 많이 가지려고 하는 인간의 속성상 치열한 경쟁이 발생하게 되고 또 그 결과 상당수의 패배자가 발생할 수밖에 없다. 이런 상황에서 이들이 경쟁에서 진 것은 전적으로 자신들의 책임이라고 주장하면서 더 이상 지원하지 않는다면 이들의 삶은 열악해질 것이다. 하지만 이들이 이렇게 된 것이 자신이 어찌할 수 없는 요인들, 곧 운 때문에 그렇게 된 것이라면 어찌할 것인가? 그리고 설령 순전히 자신의 실수나 무능함 때문에 그렇게 되었다고 해도, 그 책임을 전적으로 개인에게 돌리며 사회가 그의 불행한 처지에 눈감는 것은 너무나 가혹하지 않은가?(이 문제를 도덕적 존재로서의 인간이라는 관점에서 보면, 그 이유야 어떻든 불행하게 된 사람을 돌보는 것은 인간의 도덕적 의무라고 할 수 있지 않을까?) 그러므로 이들을 위해 사회는 추가적인 재분배 원칙을 마련해둘 필요가 있다. '차등원칙'이 바로 그것이다.

차등 원칙에 따르면, 사회적 재화를 불평등하게 분배하는 것이 정당하다고 인정받을 수 있는 때는 불평등한 분배의 결과로 사회에서 가장 열악한 처지에 있는 사람의 경제적·물질적 상황이 가장 크게 개선되는 경우이다. 예를 들어 한 사회가 선택할 수 있는 A, B, C 세 정책이 있다고 가정해보자. A 정책을 실시한 결과 산출된 사회적 재화의 총량은 1000이었고, 그중에서 가장 불우한 상황에 있는 사람에게 돌아간 몫은 100이었다.(상층 600, 중간 300) B 정책을 실시한 결과 산출된 사회적 재화의 총량은 950이었고, 가장 불우한 사람에게 돌아간 몫은 150이었다.(상층 500, 중간 300) 그리고 C 정책을 실시한 결과 산출된 총량은 900이었고, 가장 불우한 사람에게 돌아간 몫은 200이었다.(상층 450, 중간 250) 이 경우 차등원칙에 따르면 어떤 정책을 채택해야 할까? 당연히 C 정책이다.(공리주의적 관점에서는 사회적 총량이 가장 큰 A 정책을 선택할 것이다.) 왜냐하면 모두 불평등한 분배이긴 하지만, C 정책을 시행했을 때 가장 낮은 계층의 사람에게 가장 큰 혜택을 주었기 때문이다. 이것이 차등원칙의 구체적인 내용이다.

표1 | 차등원칙의 예

구분	A 정책	B 정책	C 정책
상위수혜자	600	500	450
중간수혜자	300	300	250
최소수혜자	100	150	200
합계	1000	950	900

※차등원칙을 따르는 사회라면 C 정책을 택해야 한다.

이렇게 사회적 재화를 둘러싼 경쟁이 시작되기 전에 경쟁 자체가 공정할 수 있도록 만들기 위해 채택된 '공정한 기회평등' 원칙과 (경쟁이 끝나고 난 다음에 재분배를 위해 작동하는) '차등원칙'이 함께 작동하는 롤스의 정의 사회는 사회를 점점 더 평등하게 만들 개연성이 높다.

롤스의 정의론은 완벽한가?

롤스의 차등원칙과 그 원칙에 깔려 있는 통찰들은 현대 정의 담론의 주요 쟁점이 될 정도로 중요하게 다뤄지고 있다. 특히 운이 사회정의의 구현에 미치는 부정적인 영향에 대한 그의 통찰과, 운의 작용을 사회에 유익한 방향으로 완화시키기 위한 그의 구상은 현대 정의 담론의 지평을 크게 넓힌 것으로 평가된다. 하지만 그에 대한 비판과 논란도 만만찮다.

먼저 롤스의 정의론은 응분 원칙을 지나치게 제한적으로 수용함으로써 개인의 도덕적 책임감을 약화시킬 뿐만 아니라 사회적 부의 확대 재생산도 담보하지 못한다는 비판을 받는다. 또한 차등원칙은 최소수혜자의 상황을 '조금만' 향상시켜줄 수 있다면 엄청난 부의 불평등을 정당화시켜줄 수도 있는 보수적인 이데올로기라 비판받기도 한다. 나아가서 그의 차등원칙은 최소수혜자 계층의 처지를 개선시키는 데 역점을 두고 있기 때문에 그들 바로 위에 있는 차상위 계층의 상대적 박탈감과 소외감을 불러와 사회통합을 오히려 어렵게 할 수도 있다는 비판도 있다.

또한 롤스의 구상이 해결해주지 못하는 상황도 얼마든지 있다. 예를 들어, 경제적으로 가장 열악한 환경에 있지만 건강한 사람과 경제적으로는 가난하지 않지만 거액의 치료비가 드는 난치병에 걸린 사람 사이에서, 롤스의 정의 원칙은 어떤 구체적인 해결책을 제시해줄 수 있는가? 현실적인 관점에서 보면, 20세기 후반을 풍미했던 롤스의 정의론도 단독으로는 고도로 복잡하고 변화무쌍한 현실을 개혁할 수 있는 정의 원칙을 제공해주기 어렵다는 것을 알 수 있다.

이보다 더 근본적인 비판도 있다. 롤스가 사회정의의 주체인 인간을 매우 주관적이고 자의적으로 이해하고 있다는 비판이다. 그 비판은 다음과 같은 논리로 진행된다. 개인들이 한정된 사회적 재화에 차등적인 몫을 요구할 수 있기 위해서는 그런 요구에 대한 합당한 근거가 있어야 한다. 혹은 적어도 절대적으로 자기 것이라 주장할 수 있는 최소한의 개인적인 것이 있어야만 한다.(앞서 봤듯이 롤스는 타고난 재능 같은 것은 운으로 주어졌기 때문에 온전히 개인의 것이라 볼 수 없다고 생각했다.) 롤스가 개인들에게 합리성의 능력—이 능력 때문에 어떤 사람은 더 성공적인 삶을 살 수 있다—이 있다고 전제하고, 또 그것을 발휘하는 데 필요한 기본적 자유의 체계가 필요하다고 주장한 것은 바로 그와 같은 인식을 반영한다. 그런데 왜 개인이 타고난 모든 것(이를테면 생명이나 자기의 신체 같은 것도)을 사회적 자산으로 보지 않고 타고난 재능만을 사회적 자산으로 간주해야 하는가? 롤스는 이런 중대한 문제에 대해 더 깊이 들어가지는 않았다.

롤스는 절대적으로 개인에게 속하는 최소한의 것—특히 합리성의 능력—과 개인에게 속해 있지만 사회적인 자산으로 간주해야 할 부분을 다소 임의적으로 나눴다. 그리고 개인이 운의 작용으로 얻은 사회적인 자산을 사용하여 획득한 부는 최빈곤층에게 가장 큰 몫이 돌아갈 수 있도록 분배해야 한다고 주장했다. 하지만 절대적으로 개인에게 속한 속성과 사회에 속한 개인의 속성을 나누는 롤스의 방식은 매우 자의적일 뿐만 아니라

『정의란 무엇인가』의 저자 마이클 센델도 롤스에 비판적이다. 그는 공동체주의의 관점에서 롤스가 인간을 독립적인 존재로만 봐 공동체의 중요성을 고려하지 않았으며, 도덕적 가치를 등한시했다고 비판한다.

개인의 개체성과 독립성을 충분히 인정해주지 못하는 문제점이 있다.(개인의 고유한 정체성은 롤스가 사회의 자산으로 간주하는 재능이나 특징이 결합한 결과로 형성된다고 볼 수 있다.) 응분의 몫에 더 큰 비중을 두기를 원하는 사회정의 이론가들도 이 문제를 들어 롤스를 비판한다.

정의사회와 도덕심리

그렇다면 최소생계보장과 능력주의(혹은 공리주의)를 결합시킨 정의 원칙과 롤스의 차등원칙 중에서 사람들은 어떤 해법을 더 선호할까? 이 문제가 중요한 이유는 아무리 훌륭한 정의 원칙이라고 해도 그것이 현실에서 실천될 수 있는 기반이 없다면 탁상공론이 될 수밖에 없기 때문이다. 대한민국의 모든 구성원이 롤스의 차등원칙 대신에 최소생계보장과 능력주의를 결합시킨 정의 원칙을 선호한다면, 롤스의 차등원칙이 실현될 개연성은 매우 낮을 것이다. 사회 구성원들이 현재 어떤 정의감각을 갖고 있고 또 어떤 사회를 지향하고 있는가 하는 문제는 그 사회에 적합한 정의 원칙을 선택하는 문제에서 매우 중요한 의미를 갖는다.

하지만 이런 현실적 입장은 다소 수정될 필요가 있다. 정의 이론은 단순히 한 사회의 구성원들 다수가 현재 어떤 정의 원칙을 '더 선호하고 있는가' 하는 문제보다는, 어떤 정의 원칙이 그 사회의 정의 원칙으로 더 '타당한가' 하는 문제를 다루기 때문이다. 사회의 구성원들은 그 사회가 오랫동안 채택해온 분배 원칙에 적응하는 과정에서 선입견을 갖게 되며 그에 따라 특정 분배 원칙에 대한 선호도가 생긴다. 따라서 정의의 관점에서 매우 부당한 분배 원칙이라고 해도 그 원칙을 오랫동안 채택해온 사회의 구성원들에게는 정의로운 것으로 여겨질 수 있다. 그러므로 정의 원칙을 단순히 사회구성원 다수의 호불호나 선입견에 따라 선택한다면, 그 사회는 정의의 관점에서 전혀 개선될 여지가 없을 것이다.

바로 이런 이유 때문에 현 체제의 정의 원칙을 더 올바른 방향으로 개선하는 데 규범이 될 수 있는 정치철학이 필요하다. 정치철학은 현재 사회구성원들이 공유하거나 지향하고 있는 좋은 사회—혹은 정의 사회—에 대한 비전을 바탕으로 그에 적합한 최상의 정의관을 내놓음으로써 현재를 개선시키고자 한다. 그리고 이 과정에서 현 체제의 문제점을 개선할 수 있는 대안적인 원칙을 제안한다.(모든 체제에는 정의에 관한 비판적이거나 대안적인 시각도 존재한다. 규범적 정치철학은 이런 시각들을 활용할 수도 있다.) 그러므로 한 사회에 적합한 정의 원칙(들)은 단순히 대중의 선호에 따라 결정되어서는 안 되고, 체제를 더 정의롭게 개선시킬 수 있는 방법을 찾는 정치철학의 도움을 받아 결정할 필요가 있다.

요컨대 정의 원칙의 현실과의 적합성은 매우 중요한 문제이기 때문에 결코 경시되어서는 안 되지만, 그런 적합성에 매몰된 나머지 정의 이론의 규범적 본질을 간과해서는 안 된다는 이야기다. 정의 원칙은 사회의 구성원들이 어느 정도 이해하고 수용할 수 있는 범위에 있으면서도, 그 체제가 필연적으로 가져올 수밖에 없는 부정의를 극복하거나 최소화할 수 있는 규범적 타당성도 아울러 갖춰야만 한다.(롤스는 이런 정의 원칙을 찾는 방법을 '반성적 균형reflective equilibrium'이라고 불렀다.)

사람들이 새로운 규범적 원칙에 적응하는 데는 다소 시간이 걸린다. 하지만 현재 실천되고 있는 정의 원칙도 처음부터 익숙했던 것은 아니다. 귀족과 평민 사이에 차이가 없으며 모든 사람은 자유롭고 평등하다는 생각도 처음에는 부자연스럽게 느껴졌었다. 처음에는 어색하고 부당하게 여겨진 것들도 적응하게 되면 자연스럽고 정당한 것으로 여겨진다. 그러므로 현 상황에서 최소생계보장 원칙과 능력주의 원칙을 결합한 해법을 사람들이 가장 선호한다고 해도, 그런 이유만으로 그것을 가장 적합한 분배 원칙이라고 주장할 수는 없다. 만일 롤스의 차등원칙이 정의의 관점에서 더 타당하거나 우월한 것이라면, 그리고 사람들이 그 원칙을 매우 타당한 것으로 받아들일 수 있다면, (현재는 그 원칙에 대한 사람들의 선호가 낮다고 해도) 그것을 사회의 공식적인 분배 원칙으로 받아들일 수 있는 것이다. 물론 반대의 경우도 가능하다. 처음에는 다소 어색하더라도 그 원칙을 반복적으로 실행하는 과정에서 사람들은 그 원칙을 자연스럽고 정당한 것으로 받아들이게 될 것이다. 이것이 바로 규범적 정치철학이 전제하고 있는 인간의 도덕심리moral psychology이다.

13장

세대간 정의와
지구적 정의

지금까지는 세대간 정의와 지구
적 정의의 문제를 다루지 않은 채, 한 국가사회의 현 세대만을
대상으로 정의의 문제를 다뤄왔다. 하지만 이것만으로는 충분
하지 않다. 정의의 문제는 현 세대의 사회구성원들 사이에서뿐
만 아니라 다가올 세대에게도 적용되어야 하며, 단일 사회만이
아닌 지구에 살고 있는 모든 사람들에게도 적용될 수 있어야
한다.

세대간 정의와 지구적 정의의 문제는 최근에야 큰 관심을 끌
기 시작했다. 이 분야는 롤스의 정의론을 지구적인 차원으로 확
장시킨 토머스 포기Thomas Pogge와 같은 학자들이 발전시켰다.
지구적 차원의 경제적 상호의존성 증대와 생태환경 위기의 고
조 그리고 민주주의와 인권에 대한 지구적 관심의 증대 등이 이
분야의 발전을 자극했다. 정의라는 가치는 한 폐쇄적인 집단에
게만 배타적으로 적용되어서는 안 되고, 다가올 세대 혹은 전
인류에게까지 보편적으로 적용될 수 있어야만 윤리적인 가치를
담보할 수 있다.

세대간 정의, 그리고 특히 지구적 정의의 문제는 인간이 대체
로 널리 보지 못하기 때문에 쉽게 간과될 수 있고, 더구나 긴급
한 현실상황 때문에 의도적으로 무시될 수도 있다. 하지만 한
국가사회에서의 정의 문제는 같은 국가사회의 미래 세대는 물

론 인류 전체에 대해서도 중요한 함의가 있다. 그리고 지구적 정의의 문제는 어떤 국가사회의 정의에 매우 중요한 영향을 미친다. 지구적 차원에서 존재하는 심각한 부정의는 어떤 국가에게는 아예 최소한의 정의 실현마저도 어렵게 하는 근본적인 구조적 요인이 될 수 있다. 가령 현재의 세계체제 속에서 지속적인 착취 상태에 놓인 국가의 경우, 정의로운 분배에 관심을 가질 수 있는 최소한의 조건도 없기 때문에 아예 정의에 대한 논의가 발생하기 어렵다.

만성적인 기근과 빈곤에 시달리는 아프리카 국가들에서 부족 간 전쟁이 끊이지 않는 현상은 그곳 사람들이 특별히 도덕적·지적으로 열등해서도 정의감각이 없어서도 아니다. 경제적으로 낙후되었거나 물질적으로 심각한 결핍을 겪고 있는 사회에서는 힘 있는 자들이 모든 수단을 동원하여 희소한 자원을 독점하고자 하는 경향이 나타난다. 이렇듯 사회적 재화들이 절대적으로 결핍된 상황에서는 정의로운 분배에 대한 논의 자체가 무의미하다.

정의로운 분배에 관한 논의는 사회의 모든 구성원이 잘 협의해서 정의 원칙을 세웠을 경우 모두가 풍족하지는 않지만 최소한도의 생활을 지속해갈 수 있는 환경에서만 의미가 있다. 이것이 바로 흄과 롤스가 말한 정의의 환경circumstances of justice이다. 어느 정도 의식주에 대한 기본적인 필요가 충족된 사회가 아니라면 정의에 대한 논의가 아예 나타나지 않거나 무의미해져버린다. 이처럼 한 국가사회에서의 정의에 관한 논의는 지구적 정의에 관한 논의를 바탕에 깔고 있다.

세대간 정의의 문제

세대간 정의의 문제는 현 세대의 사회구성원이 미래 세대를 위해 현재 보유하고 있는 재화와 자원들 중 어떤 것을 얼마나 남겨놓는 것이 합당한가 하는 물음으로 표현할 수 있다. 여기서 자원은 단순히 소득과 부와 같은 것들만이 아니다. 우리는 후손을 위해서 현 세대가 벌어들이는 부와 소득 중 일부를 미래 세대가 활용할 수 있도록 저축해둘 뿐만 아니라, 그렇게 물려받은 재화들을 현명하게 재투자할 수 있는 인프라와 유용한 지식을 전해줘야 하며, 또 그들이 아름다운 생태자연의 혜택을 누리면서 그것을 큰 비용 부담 없이 원하는 방향으로 개발할 수 있도록 보존해두어야 한다. 이런 관점에서 보면 세대간 정의는 재화와 생태자연은 물론 그것들을 최선으로 활용할 수 있는 사회·경제·정치 제도와 의식적 전통을 남겨주는 것까지 포함한다.

특히 후자와 관련하여 좋은 교육제도, 조정된 시장경제제도, 입헌민주주의 체제 같은 요소들은 미래 세대가 물려받은 정의 원칙을 새롭게 조정하고 재구성할 제도적·문화적 조건이 된다는 점에서 매우 중요하다. 그들은 자신들이 물려받은 민주적인

젊은세대, 보험료는 많이 내고 연금은 덜 받고

초고령사회 日 커지는 세대간 연금차별

납입 보험료 대비 수령액
노인세대 5.2배인 반면
젊은세대는 2.3배에 그쳐
저성장 고려한 재설계 필요

우리보다 앞서 초고령사회 (65세 이상 인구가 전체 인구의 20% 이상)에 진입한 일본에서 세대 간 연금 격차가 극심한 것으로 조사됐다고 29일 요미우리신문 등이 보도했다.

전날 후생노동성 발표에 따르면 일본의 직장 근로자들이 가입하는 후생연금의 경우 현재 70세 이상(1945년 이전 출생)하)의 경우 평균적으로 2900만 엔(약 2억8631만원)의 보험료를 납부해 6800만엔(약 6억 7134만원)을 수령하는 데 그쳐 납부액의 2.3배만 받을 것으로 전망됐다. 5년 전 조사 때보다 세대 간 배율 격차는 커졌으며 연령대가 내려갈수록 배율이 눈에 띄게 낮아졌다고 신문은 덧

사토 도시키 도쿄대 교수(사회학)는 허핑턴포스트와의 인터뷰에서 "현재 사회보장제도는 과거 급격한 인구 증가로 산업화를 이룩했던 당시 경제성장이 지속될 것이라 가정하고 만들어놓은 것"이라며 "엄청난 빚을 거듭하면서 고령자에게 유리한 사회 보장을 계속하고 있

연금 부담, 일자리 부족, 주택문제 등으로 인해 중장년 세대와 청년 세대의 갈등이 증폭되고 있다. 특히 연금 문제에서 젊은 세대는 '보험금은 더 많이 내고 혜택은 덜 받는' 이중으로 불공평한 상황에 처했다.(국민일보, 2015년 9월 30일)

정치제도를 통해 정의에 관한 새로운 합의를 도출할 수 있으며, 자연적·제도적 유산을 바라는 대로 개발하고 활용할 수 있다. 그러므로 현 세대는 현재 자신들의 필요를 위해 자원을 활용하면서도, 그 결과가 미래 세대에 어떤 영향을 미칠 것인지에 대해서도 진지하게 고민할 필요가 있다. 물론 현 세대가 미래 세대를 위해 지나치게 많은 희생과 양보를 하는 것 역시 정의에 부합한다고 볼 수 없을 것이다. 하지만 그들이 미래 세대들이 당연히 누려야 할 몫까지도 미리 앞당겨 써버리는 것은 (그것이 미래 세대를 위한 투자가 아니라면) 부정의하다고 하지 않을 수 없다. 이런 관점에서 보면, 현 세대가 현재만을 위해 지나치게 많은 적자 예산을 편성하는 것이나 많은 빚을 지는 것은 마땅히

미래 세대에게 돌아가야 할 몫을 빼앗는 부정의한 행위라고 말할 수 있다. 더욱이 그것은 자신의 입장을 대변할 수 없는 미래 세대의 희생을 강요하는 것이라는 점에서 이중의 부정의를 저지르는 것이다.

또한 현 세대는 당장의 이익만을 고려하여 생태환경을 개발해서는 안 되고, 개발의 장기적인 혜택과 부담을 정확히 측정하여 미래 세대에게 더 많은 이익이 돌아가게 해야 한다. 현 세대의 경험과 지식만으로 개발의 장기적인 손익을 정확하게 계산하기 어렵다면 생태자연에 대한 개발 여부는 마땅히 미래 세대에게 맡겨야 한다. 결과가 불확실한 데도 개발을 강행할 경우, 의도치 않게 미래 세대가 엄청난 피해를 입을 수 있기 때문이다. 그렇게 되지 않기를 바라지만, 이명박정부 시기에 추진된 4대강 개발사업과 해외자원개발 투자사업은 당시 집권 세력의 정치적 의도 및 불완전한 손익계산과 환경평가로 빚어진, 현 세대가 미래 세대에게 가한 중대한 부정의의 대표적인 예로 남을 개연성이 있다.

지역경제를 살리고 국부 창출에 도움이 된다는 명목으로 추진되고 있는 제주도 개발사업 또한 우리들의 후세들이 두고두고 즐길 수 있는 아름다운 자연환경을 영원히 파괴해버릴 수 있다는 점에서 (또 그것을 현 세대가 결정한다는 점에서) 부당한 측면이 있다. 더구나 그런 무분별한 개발정책은 경제적 이득만으로 계산할 수 없는 다양한 가치들—심미적·예술적·환경적 가치—을 고려하지 않고 추진되어왔기 때문에, 물질적 이득과는 다른 가치를 추구하는 많은 사람들의 선호와 의견을 반영하지 않는 부정의를 저지르는 것이기도 하다.(무차별적인 개발로 악화되고 있는 지구온난화와 자원고갈 문제도 같은 맥락에서 비판할 수 있다.)

이렇듯 국토개발사업과 같이 많은 비용이 들고 다양한 가치들이 충돌하며 그 장기적인 영향을 정확히 예측하기 어려운 경우에는, 현 세대의 일부 유력한 집단이 불완전한 지식과 막연한 기대에 근거하여 개발을 강행해서는 안 된다. 그런 결정은 보다 발전되고 축적된 지식을 갖게 될 미래 세대의 구성원들이 민주적인 합의에 따라 자신들이 원하는 방식으로 개발·활용할 수 있도록 맡기는 것이 옳다. 세대적 정의의 문제에서는 현 세대의 당면한 필요와 미래 세대의 앞으로의 필요 사이에서 적절한 균형을 잡는 지혜가 필요하다.

지구적 정의의 문제

지구적 정의와 관련해서는 지금까지 누적된 역사적 부정의들을 청산하는 것이 기본적인 정의라는 생각에서 출발해야 한다. 현재 만성적인 빈곤을 겪고 있는 많은 국가들의 처지가 과거 그들이 겪은 제국주의 지배와 무관하지 않기 때문이다. 빈곤 문제를 겪고 있는 아프리카·남아메리카·동남아시아 지역은 모두 과거 서구 제국주의 국가들의 주요 식민지였다. 서구 열강은 18세기 이후 본격적으로 진행된 제국주의 침략과 지배를 통해 오늘날과 같은 풍요의 시대를 구가할 수 있었다. 흔히 서구 국가들의 발전 배경으로 일찍이 과학혁명을 통해 과학과 기술을 비약적으로 발전시키고 시민혁명을 통해 자유민주주의 체제를 확립시켰다는 점을 들지만, 제국주의 식민지배가 그들의 번영과 풍요에 결정적인 기여를 했다는 사실은 결코 부정할 수 없다. 그들은 식민지에서 값싸게 들여온 자원을 발전된 과학기술로 가공하여 풍족한 생활을 누리는 한편 남은 상품들은 다시 식민지에 수출하여 막대한 이익을 거둬들였다. 그리고 그 과정에서 식민지의 자연환경을 크게 황폐화시키고 지구의 대기를 오염시켰다.

문제는 여기서 끝나지 않았다. 낡은 제국주의 시대가 종식된 이후에도 제국주의는 새로운 형태로 지속되고 있기 때문이다. 오랫동안의 식민지배를 겪으면서 많은 아시아·아프리카 국가들은 사실상 서구 국가에 종속된 경체체제를 갖게 되었다. 그 나라들은 외양은 독립국가이지만 사실상 더 교묘한 제국주의적 지배하에 놓이게 된 것이다. 이전의 제국주의 국가들에게 원자재를 싼 값으로 넘기고, 수출한 원자재를 가공하여 만든 생필품들을 비싼 돈을 들여 다시 들여오는 불평등한 교환관계 역시 지속되고 있다. 가난한 나라의 사람들이 서구의 다국적 기업에 싼 값에 고용돼 마구 부려지는 일도 여전히 다반사로 일어

나고 있다.

월드컵을 관장하는 FIFA(국제축구협회)와 스포츠 용품을 생산하는 기업들의 행태를 예로 들어보자. 월드컵 경기가 열리는 해가 돌아오면 유명 스포츠용품 생산업체들은 축구공 생산을 위해 아프리카와 아시아의 값싼 노동력을 찾는다. 축구공은 아직까지 대부분 수작업으로 생산하기 때문이다. 이들은 심지어 대여섯 살 난 아이들의 노동력까지 동원한다. 이 어린이들은 하루에 13~14시간을 들여 축구공 하나를 만드는 데 이들에게 지불되는 임금은 기껏해야 한국 돈으로 하루에 100원 정도다. 그렇게 해서 한국에서 팔리는 축구공의 소비자 가격은 4~5만 원에 달한다. FIFA는 이렇게 만들어진 공을 월드컵 공인구로 사용하고, 공은 축구팬들에게 불티나듯 팔려나간다. 스포츠용품 생산기업들은 아프리카 아시아의 값싼 노동력을 이용하여 천문학적인 수익을 거두지만, FIFA는 이를 묵인해왔다. FIFA는 일종의 공익기구의 성격을 갖고 있기 때문에, 이들이 가난한 어린 아이들의 노동력을 착취해온 관행에 눈 감아온 것은 정의의 관점에서는 도저히 정당화되기 어렵다.(이런 문제제기가 오랫동안 이어지면서 FIFA는 결국 아동노동으로 만들어진 축구공을 사용하지 않겠다고 선언했다.)

가난한 아시아·아프리카 국가 아이들이 겪고 있는 이와 같은 불우한 처지는 결국 누적된 역사적 부정의에서 비롯된 것이다. 그들의 부모와 조부모 세대가 겪은 부정의가 이어져 그들이 지금 겪고 있는 부당한 대우와 힘겨운 삶을 만들어낸 것이다. 그러므로 지구적 정의 문제에 의미 있게 접근하기 위해서는 과거에 제국주의 열강에 의해 저질러진 역사적 부정의를 시정할 필요가 있다는 인식에서 출발해야 한다.(지금 한일 관계에서 벌어지고 있는 위안부 배상 문제 역시 이런 기본적인 인식에서 출발해야 한다.)

현재의 지구는 소수의 부국과 다수의 빈국 그리고 상당수의 적당한 수준의 국가들로 구성되어 있다. 하지만 인구 수로 보면 약 6분의 1이 절대빈곤 상태에, 그리고 거의 70%에 해당하는 사람들이 빈곤 상태에 처해 있다. 선진국들은 자기 나라에서는 정의로운 분배를 고민하지만, 전인류의 3분의 2이상이 빈곤에 처한 상황에서 그런 논의가 얼마나 도덕적인 의미를 가질 수 있는지 의심스럽다. 현대의 주요한 정의 이론들은 정의 원칙을 단순히 효율성이나 현실적 필요라는 근거로 정당화하지 않고 도덕적으로 옳다는 근거에서 정당화한다. 하지만 가난한 다른 국가들과 빈민들의 궁핍한 삶을 외면한 채 한 국가사회에 적용될 정의 원칙만을 고민하는 것은 도덕적인 관점에서 볼 때 매우 모순적이다. 그런 자국 중심적 태도는 보편적 가치로서의 정의라는 측면에서뿐만 아니라 인간애의 한계라는 측면에서, 그리고 무엇보다 자유롭고 합리적이며 평등한 존엄한 존재라는 근대적 인간관과도 부딪힌다.

물론 인간은 자신과 가까운 사람에게 특히 더 관심을 가지는 편파성이 있다. 그래서 가족과 지역사회 그리고 자신이 속한 국가사회에 특별한 애정을 품는 건 자연스럽다. 하지만 인간의 이런 성향을 인정한다고 해도 절대빈곤에 시달리고 있는 인류 과반의 빈곤층을 도외시한 채로 한 국가 안에서만 정의를 논하는 건 비윤리적이다. 모든 인류에게 인간이라는 사실만으로 누릴 수 있는 최소한의 인권을 보장하는 것은 정의의 당연한 요청이다. 그렇지만 현재의 불확실한 세계경제와 각국이 처해 있는 복잡한 경제사회적 문제들을 두고 볼 때 이와 같은 요청이 현실이 될 가능성은 지극히 낮아 보인다.

지구적 정의 문제에 접근할 수 있는 한 가지 현실적 방법은 최소한의 보편적 인권을 실천할 수 있는 자원을 확충하고, 확충된 자원을 정의롭게 분배할 수 있는 책임 있는 국제기관을 설립하는 것이다. 현재로서는 UN 및 산하 국제기구와 지역연합 제도 등이 그런 역할을 담당해야 할 것으로 보인다. 물론 현재 국제적인 협동과 번영을 위해 구성된 상당수의 국제기구들은 그런 책무와 공정성을 저버리고, 현실에서는 강대국의 견해와 이해관계를 충실히 반영하고 있다. 이런 상황은 모든 국가들의 의견과 이익을 동등하게 고려해야 한다는 정의의 요구—공정성—에 위배될 뿐만 아니라, 현존하는 지배-종속 관계를 더욱 악화시킬 수 있다는 점에서 이중적으로 부정의하다. 그러므로 영향력 있는 국제기구들을 새롭게 구성하는 한편, 정책결정과 집행 과정에 강대국만이 아니라 다양한 국가의 의견과 이익이 공정히 반영될 수 있도록 개혁할 필요가 있다.

결국 지구적 정의의 문제는 지나치게 많은 부를 누리거나 낭비되고 있는 국가들의 부 일부를 어떻게 만성적인 결핍과 빈곤 상황에 있는 국가들로 이전시키느냐의 문제로 귀착된다. 여기에서는 강대국들이 발전과정에서 저지르거나 초래한 역사적 부정의를 개발원조나 지원의 형태도 되돌려주는 과정이 포함될 것이다. 그리고 빈국들이 스스로 성장할 수 있는 정도에 이를 때까지 과감한 지원과 원조를 국제기구의 감독 아래 진행할 필요가 있다. 그럴 때에만 선진국들이 추구하는 윤리적 가치로서의 정의가 진정성을 얻을 수 있을 것이다.

지구적인 정의 원칙의 확립을 위해서는 롤스가 실험적으로 제시한 원초적인 상황을 활용할 수 있다. 원초적 상황에서 이뤄지는 국가간 합의 내지는 인류 대표자들의 합의로 정의의 원칙을 모색해보는 것이다. 개인이 어떤 국가에서 태어나는가 하는 문제는 (현재의 지구적인 상황에서는) 개인의 일생을 좌우하는 결정적인 요인이다. 어느 나라에 태어날지 선택할 수 없다는 점에서 국적은 전적으로 운에 달려 있다. 롤스의 접근 방법을 적용해보면, 개인의 행불행을 전적으로 그와 같은 운적인 요인들이 결정하도록 놔두는 것은 부당한 일이다. 어떤 논리로 정당화한다고 해도, 다른 수많은 개인들의 엄청난 비극을 나몰라 하는 태도는 자신의 모순성과 이기심을 은폐하려는 기만적인 시도에 지나지 않는다.

모든 인간은 타고난 소질과 적성을 개발하고, 공정한 경쟁을 통해 자신이 필요한 재화를 획득하여 자신의 목표를 실현하며, 또 그 가운데 전지구적인 공익에 기여할 수 있는 가능성을 갖고 있다. 이런 소질과 적성을 개발할 수 없는 환경에서 태어나 빈곤의 늪에서 허우적거리다 짧은 생을 마감하는 수많은 사람들이 존재하는 현재의 상황은, 한 국가사회만을 대상으로만 정의의 문제를 논하는 태도가 얼마나 기만적인가를 보여준다. 그런 태도는 도덕적인 존재로서 보편적 정의를 지향하는 인간성에 수치가 될 뿐이다. 모든 인류의 절박한 필요를 충족시켜줄 수 있는 기본적인 지구적 정의가 담보되어야만 일국에서의 정의에 관한 논의가 그 진정한 도덕적 힘을 발휘할 수 있다. 빈국과 빈민들의 우선적인 필요를 충족시켜주는 방법이든 그들이 쓸 것을 충분히 제공해주는 방법이든 상관없다. 우선은 그들이 최소한도의 인간다운 생활을 할 수 있도록 지구적인 차원의 제도적 노력을 기울이는 것이 한 국가사회를 정의롭게 만들려는 노력에 못지않게 긴급한 일이다.

14장

정치적 정의와
사회정의
그리고 리더십

사회정의를 구현하기 위해서는 국가의 개입이 필요하다. 이것은 정치적 정의가 달성될 경우에만 사회정의가 전반적으로 실현될 수 있다는 것을 의미한다. 한 사회가 아무리 완벽한 사회정의 원칙을 갖추고 있다고 해도, 국가가 그 원칙을 멋대로 해석하고 적용한다고 가정해보라. 그 정의 원칙은 사실상 존재하지 않는 것이나 다름 없을 것이다. 또한 국가가 법이 정하고 있는 한계와 절차를 무시하고 권력을 행사하는 것은 그 자체가 중대한 부정이다. 그렇게 되면 인권 침해와 같은 다른 부정의가 발생하기 때문에 그 폐해를 정확히 가늠하기도 어렵다. 그러므로 사회정의를 이야기할 때는 반드시 정치적 정의에 관한 설명을 포함해야 한다.

그러면 정치적 정의란 무엇인가? 형식적인 측면에서 보면, 정치적 정의는 모든 개인이 다 자유롭고 평등하며 존엄한 존재라는 명제가 정치영역에서 실현된 상태라고 볼 수 있다. 그리고 더 구체적으로 보면, 정치적 정의는 (사회정의 원칙들 중) 정치영역에 관련된 원칙들—시민의 정치적 권리와 의무에 관한 원칙들 및 공직임용에 관한 원칙들—이 정치영역에서 공정하게 구현될 때 달성된다고 볼 수 있다. 물론 정치영역에 적용되는 정의 원칙들 역시 궁극적으로는 모든 개인의 평등한 자유와 존엄성 명제를 구현하기 위해 존재한다는 점에서 광의의 사회정의에 속한다고 볼 수 있다.

정치영역에서의 정의는 어떤 방식으로 구현될 수 있을까? 이것은 사실 17세기 이래 많은 사회계약 사상가들이 고찰해온 문제이다. 평등의식이 보편화된 현대사회에서 이 문제는, 결국 인간 존엄성의 근거가 되는 개인의 자율성과 합리성을 평등하게 실현할 수 있는 공정한 정치체제의 윤곽을 구상하는 문제로 귀결된다.(17세기와 18세기의 사회계약이론가들도 모든 개인을 자유롭고 평등한 존재로 가정했지만 실질적으로는 평등한 정치적 주체로서 인정하지 않았다.)

그렇다면 모든 개인이 평등하다는 원칙을 구현한 정치체제, 곧 정의로운 정치체제의 구체적인 모습은 어떤 것일까? 결론부터 말하자면 그것은 자유주의 국가 원리와 민주주의적 정치 원리가 결합한 자유민주주의 체제가 될 것이다. 그 이유를 살펴보자.

먼저 앞에서 설명한 평등주의 명제를 상기해보라. 이 명제는 근대 이후 인간은 자기 자신을 자유롭고 합리적이며 평등한 (그래서 존엄한) 존재라고 생각하게 되었다는 사실에 바탕을 두고 있다. 이 명제는 이런저런 불평등이 존재하고 있는 현실과 다소 거리가 있지만 적어도 모든 사회운영 원리들이 반영하고 있거나 구현해야 할 당위적인 규범을 표현한다. 이 규범에 따르면 국가는 모든 구성원에게 자유와 합리성을 최대로 실현할 수 있도록 해주는(보통 권리를 보장해주는 형태로) 국가, 즉 자유주의 국가일 때만 그 구성원들로부터 정당성을 인정받을 수 있다. 국가는 이 규범을 헌법의 근본으로 채택하고, 그런 근본 규범을 실현하기 위한 구체적인 세부 원칙들을 법으로 제정해 강제해야 한다.

그러면 국가 구성의 근본 원칙이 모든 개인의 평등한 존엄성을 보호하는 데 있다면, 자유주의 국가의 공적 업무는 어떤 방식으로 수행되어야 하는가? 모든 시민이 똑같이 (잠재적으로나마) 자율적인 존재들이라면 국가의 공동 문제를 결정하거나 해결하는 가장 정당한 방법은 민주적인 방법일 것이다. 공동체의 법률을 제정하고 주요한 정책을 입안하는 과정에 모든 이가 동등한 자격으로 참여할 수 있어야 한다.(현실적으로 그것이 어렵다면 선거와 같은 대의체제를 통해서라도 그렇게 해야 한다.) 그렇게 할 수 있어야만 개인들은 국가 안에서 진정으로 자유롭고 합리적인 존재로 살아갈 수 있다. 그런 이유로 현대의 모든 민주주의 국가들이 1인1표로 상징되는 보통·평등선거 제도를 채택하고 있다.

이처럼 모든 개인은 자유롭고 합리적이며 평등한 존재라는 명제를 인정할 때, 정치적 정의는 자유주의 원리와 민주적 정치체제가 결합한 자유민주주의 체제에서 구현될 것이다. 이 설명의 타당성을 확인하기 위해서는 자유민주주의 체제 반대편에 있는 권위주의 체제에서 사는 사람들의 생활을 상상해보는 것이 도움이 된다. 권위주의 체제에서는 1인 지배자나 소수의 엘리트가 정치권력을 독점하고 행사한다. 이 체제에서는 시민들이 자유롭게 자신의 정치적 의견을 표현하기도 어렵고 정치권력을 비판할 수도 없으며 자유롭게 학문을 연구하기도 어렵다. 독재자들이 권위주의 체제를 동요시킬 수 있는 모든 위험 요소를 제거하려고 하기 때문에 권력기관에 의한 검열과 감시가 상시적으로 이루어진다.

또한 이런 체제에서는 모든 시민이 동등한 자격으로 참여하여 공동체의 의사를 결정하는 민주정치 원리가 작동할 수 없다. 시민들을 정치과정으로부터 철저히 배제해야만 독재자가 자신의 권력과 기득권을 장기적으로 유지할 수 있기 때문이다. 독재자들은 시민들이 정치에 관심을 갖는 것조차 싫어한다. 그래서 다양한 전략을 사용하여 시민들의 눈을 정치에서 돌리려고 시도한다. 권위주의 체제에서 프로스포츠와 향락산업 등이 발달하는 것을 흔히 볼 수 있는데 마찬가지 맥락에서 이해할 수 있다. 한국에서 프로스포츠가 본격화된 것은 권위주의 체제였던 전두환정권 시기였으며, 아르헨티나에서도 쿠데타로 집권한 군부정권이 월드컵 유치에 열을 올렸다. 이런 걸 보면 권위주의 국가들이 권력을 유지하기 위해 스포츠를 얼마나 정치적으로 활용했는지를 이해할 수 있다.

물론 경우에 따라 권위주의적인 정치가 사회정의의 실현에 긍정적인 역할을 수행할 수도 있다. 독재자가 강력한 권력을 통해 (비정치적인) 사회정의를 실현하고자 할 때 그런 일이 가능할 수 있다. 이런 독재자 역시 시민들을 정치로부터 배제시키기는 마찬가지지만, 독재 권력을 사회정의의 실현을 위해 행사한다는 점에서 여타 독재자들보다는 나을 것이다. 하지만 독재는 그 자체로 (사회정의의 일부인) 정치적 정의—자유롭고 합리적인 개인들의 동등한 정치참여—에 위배되는 정치체제며, 이는 모든 시민의 평등한 존엄성을 부정한다는 점에서 현대의 평등주의 문화에 적합하지 않다. 더구나 독재자가 아무리 관대하고 친서민적이라 할지라도 어떤 계기로 마음을 바꿔 억압적인 태도를 취하게 되면 권위주의 체제에서는 그것을 막을 방법이 없다. 독재자는 자신에게 위협에 되지 않는다면 법을 지키며 정치를 하겠지만, 법치가 자신의 권력을 위태롭게 한다면 가차 없이 법을 무시해버린다. 필요할 경우 언제든 자신이 원하는 법을 만들어 통치함으로써 법치의 형식만을 유지할 수도 있다.

1980년대 군부 쿠데타를 통해 정권을 잡은 전두환이 국회를 해산하고 '국가보위입법회의'를 설립하여 자신이 원하는 법률을 제정하여 마음대로 통치한 경우나, 입법기구인 최고인민회의를 좌지우지하며 마음대로 북한을 통치해온 김정일이 그런 경우다. 많은 독재자들이 시간이 지남에 따라 권력욕에 눈멀어 입법기구를 조작함으로써 새로운 법을 만들어 (법을 수단으로 한) 강압적인 통치를 강행한다. 이런 현상을 보면, 독재자가 사회정의를 위해 일시적으로 노력할 수는 있지만 언제나 그리고 지속적으로 그렇게 하리라는 보장은 없다고 해야 할 것이다. 사회정

헌재 "박정희 긴급조치 위헌" 만장일치 결정 (1·2·9호)

"국민기본권 지나치게 침해"
근거규정 유신헌법 53조는
"심판 대상 아니다" 제외
긴급조치 위반 1100명
재심서 무죄 선고될 듯
국가에 손배 청구 가능

군사쿠데타로 집권한 박정희 역시 초기에는 개혁적인 정책으로 일정 부분 사회정의를 추구해 환영을 받기도 했다. 하지만 권력 유지를 위해 법을 유린하고 국민들을 탄압하여 국가적 정의를 허물어뜨렸다.(서울신문, 2013년 3월 22일)

의를 일관되게 그리고 온전히 구현하기 위해서는 먼저 정치적 정의가 담보되어야 한다.

정의로운 민주주의: 입헌민주주의

주지하듯이 민주주의는 시민을 자유롭고 합리적이며 평등한 존재로 대우해주기 때문에 정의로운 정치형태라고 볼 수 있다. 하지만 그렇다고 해서 민주주의가 완벽하게 정의로운 정치체제라고 생각하는 것은 위험하다. 민주주의가 현존하는 가장 훌륭한 정치체제라는 데는 이의가 없지만 민주주의 자체에 문제점 또한 있기 때문이다.

한국의 현행 선거제도 하에서는 100명이 투표했을 때 99 대 1로 표가 갈리거나 51 대 49로 표가 갈리거나 결과는 똑같다. 패한 쪽의 의견은 조금도 반영되지 않는다. 다수결 민주주의는 이렇듯 상대적 다수만을 승자로 만들고 다른 모든 이들을 패자로 만드는 부작용을 초래한다.(한겨레, 2015년 8월 3일)

> ## '승자독식 선거' 총선때마다 평균 1천만표나 '죽은 표'

비례대표제로된 분석
1987년이후 7차례충 4차례
당선자 받은 표보다
낙선자 받은 표 더 많아

2012년 새누리 영남 54% 득표
외석은 84% '싹슬이'
새정치 호남 53% 득표
의석 83% 차지 "표심 패곡 심각"

	13~19대 총선 당선·낙선자 득표수 비교	
	당선자가 받은 표	낙선자가 받은 표
13대	6108만7863	1054만2932
14대	907만3364	1107만8116
15대	905만8140	1106만7996
16대		
17대	977만9432	907만1183
18대	1008만5409	1069만1141
19대	977만6400	987만3448
계	1144만2756	1089만5400

*새 자료없다

민주적으로 구성된 정치권력이라 해서 언제나 정의에 부합하게 행사되지는 않는다. 민주적 다수의 의도가 사악한 경우만이 아니라 심지어 건전할 경우에도 부정의는 발생할 수 있다. 예컨대 다수파에 속하는 개인들이 자신의 이익만 생각하며 의사결정에 참여한 경우에도 영구적인 패자가 발생할 수 있다. 미국처럼 다수의 백인과 소수의 흑인이 공존하는 다민족사회에서 다수결 민주주의를 시행한다고 가정해보라. 그리고 다수의 백인이 백인들의 이익만을 추구한다고 가정해보자. 이런 상황에서 다수결 민주주의는 흑인들을 영구적인 패자로 만들어버릴 것이다. 그렇다면 흑인들이 왜 계속해서 미국에 살아야 하며 미국을 위해 헌신해야만 하는가? 이처럼 다수결 민주주의에서 발생할 수 있는 영구적인 소수자 문제는 다수결 민주주의의 정당성(= 정의로움)에 회의를 불러일으킨다.

다수결 민주주의의 정당성에 회의를 갖고 있는 사람들은 만장일치 민주주의가 낫다고 주장할 수도 있다. 의사결정이 만장일치로 내려진다면, 다수파가 소수파를 사실상 지배하는 문제는 발생하지 않을 것이다. 하지만 반대로 만장일치 민주주의는 단 한 사람의 반대로 절대 다수의 의사가 제압돼버리는 부당한 결과를 초래한다. 이렇게 되면 단 한 사람의 반대만으로 모든 사회개혁을 막아버릴 수 있기 때문에 현존하는 부정의들을 시정하기 힘들다. 예컨대 한 사람에게 약간의 손해를 주지만 다른 모든 사람에게 큰 이익이 되는 정책이 있다고 해보자. 만장일치 민주주의에서는 손해를 보는 한 사람의 반대로 이런 정책도 부결될 수 있다.

단순 다수결 민주주의와 만장일치 민주주의의 상대적 장점과 단점을 비교해보면 그나마 다수결이 만장일치보다 표의 등가성을 보장하는 데 유리함을 알 수 있다. 물론 사안에 따라서는 만장일치가 반드시 필요한 때가 있다. 소수의 큰 이익과 다수의 적은 이익 사이에서 선택해야 할 때가 그런 경우다. 하지만 대체로 다수결이 만장일치보다는 부당한 의사결정의 빈도를 줄일 수 있기 때문에 다수결 민주주의가 채택될 개연성이 더 높다.

그렇다면 다수결 민주주의로 인해 부정의가 발생할 개연성이 있음에도 불구하고 다른 대안이 없으므로 다수결 민주주의를 무조건적으로 수용해야 하는가? 다수결 민주주의의 불가피성을 인정하면서도 그 약점을 보완할 수 있는 중요한 정치적 원리가 바로 법의 지배 및 헌정주의(입헌주의) 원리다.

법의 지배와 헌정주의는 동서양에 걸쳐 오랜 역사를 가지고 있다. 하지만 특히 정치권력이 증대되고 집중된 근대사회에서 눈에 띄게 발전한 정치원리이다. 법의 지배는 사법부가 정치적·사회적 외압에 굴하지 않고 법을 공정하게 해석·판결하며, 법을 정치공동체의 모든 사람에게 평등하게 적용하는 것을 의미한다. 법의 지배 아래에서는 통치자도 법을 준수해야 하기 때문에 개인들이 통치자의 변덕이나 자의적인 의지를 두려워하지 않고 자신의 인생을 계획적으로 살아갈 수 있다. 이것은 타인에게 해악을 끼칠 수 있는 자유를 포기하는 대신 안전하고 자유롭게 살기 위해 국가를 구성하게 된 목적과 부합한다.

헌정주의는 하위법이 갖추어야 할 정의의 내용을 미리 규정해둠으로써 법의 지배가 사악한 지배의 수단으로 전락하지 않도록 뒷받침한다. 특히 헌정주의는 정부가 정치권력을 남용하지 못하도록 통제하는 데 관심을 갖는다. 헌법은 개인들의 중요한 이익이나 도덕적 능력—즉 자유의지 혹은 자율성—을 보호하기 위해 광범위한 기본권을 보장하고 있으며, 정부의 각 부서들이 권력을 독점하거나 남용하지 않도록 권력분립 원칙을 명시하고 있다. 또한 정부가 권력을 행사할 때 따라야 할 조건과 절차를 규정해둠으로써 권력이 국가 구성의 궁극적 목적에 맞게 사용될 수 있도록 규제한다.

이런 관점에서 보면, 법의 지배와 헌정주의는 다수결 민주주의와 긴장관계에 있음을 알 수 있다. (헌)법은 국민의 기본적인 권리와 의무를 명시함으로써 민주적 의사결정의 범위를 미

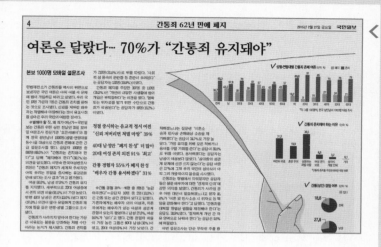

간통을 처벌해야 할지 말지를 국민들이 투표로 결정한다면 간통죄는 계속 유지될 것이다. 그러나 간통죄는 헌법에 명시된 개인의 권리를 침해하기에 정당하지 않다는 것이 헌법재판소의 결론이었다. 국민의 기본권을 훼손하는 정책은 민주적 절차에서 나왔더라도 허용되어서는 안 된다. 이렇듯 헌정주의는 민주주의가 그 스스로의 근본가치를 훼손하지 못하도록 막아주는 안전판 역할을 한다.(국민일보, 2015년 2월 27일)

리 제한하기 때문이다. 만일 다수가 적법한 민주주의 절차에 따라 내린 결정이 헌법에 보장된 개인의 기본권을 침해한다면, 그것은 원천적으로 효력을 상실한다. 형식적으로만 보면 (헌)법은 다수결 민주주의와 충돌하는 반反민주적인 성격을 갖고 있다.

하지만 이미 살펴본 바와 같이 다수결 민주주의는 영구적인 소수자를 만드는 부정의를 초래할 수 있다. 만일 다수의 행복을 위해 소수의 중요한 권익이나 자유를 억압하는 상황이 빈번히 발생한다면, 그것은 사실상 다수가 소수자를 자신들의 이익을 위한 수단으로 이용하는 것과 같다. 이런 상황은 국가를 구성함으로써 얻는 이득이 모든 사람에게 골고루 돌아가야 한다는 정치적 정의의 대원칙에도 어긋난다. 그래서 다수결 민주주의가 소수자에게 부당한 희생과 부담을 전가하지 못하도록 미리 그 적용 범위를 제한해둘 필요가 있는 것이다. 이처럼 헌정주의는 기본권이 침해될 수 있는 여지를 최소화하려는 목적을 갖고 있다.

헌정주의를 단순히 반민주적인 정치원리로 이해하는 것은 단편적인 시각이다. 사실 헌정주의가 수행하는 반反민주적인 역할은 그 근본정신으로 보면 민주주의의 근본적인 목적에 부합한다. 궁극적으로 민주주의가 도입된 이유는 그것이 만인의 평등한 존엄성을 실현할 수 있는 (현실적으로) 최선의 방식이기 때문이다. 입헌주의 역시 엄청나게 증대된 국가권력에 개인의 자율성과 존엄성이 훼손되는 것을 방지하고자 하는 목적을 갖고 있다. 이처럼 다수결 민주주의가 실현하고자 하는 가치와 헌정주의가 실현하고자 하는 가치가 사실상 동일하다고 볼 때, 헌정주의의 기능을 민주주의의 근본 가치를 부정하기 위한 것으로 이해해서는 안 될 것이다. 다시 말해 헌정주의는 민주주의의 근본가치를 보다 완전하게 실현할 수 있는 보완적인 (따라서 민주적인) 정치원리라고 볼 수 있다.(헌법의 상당 부분은 민주적 절차를 구성하고 보호하는 기능을 수행한다는 점을 이해할 필요도 있다.)

헌정주의를 구성하는 또 다른 요소인 권력분립은, 인간의 타락과 절대 권력의 부패 가능성에 대한 경계심에서 나왔다. 이는 서로 분리된 권력들이 상호 견제하여 균형을 이룸으로써 개인의 권리를 침해하지 못하도록 하기 위한 원칙이다. 이 권력분립 원칙은 민주주의에 고유한 원칙은 아니다. 하지만 민주적으로 형성된 권력이 비민주적이고 억압적으로 사용될 수 있는 가능성을 차단함으로써 자유주의적 가치의 구현에 기여한다.

정치적 리더십이 왜 중요한가

정치적 정의와 관련해, 특히 정치권력을 직접 행사하는 리더십의 공정성과 효율성이 갖는 중요성을 살펴보자. 이 문제를 우리가 잘 아는 선조와 이순신의 갈등으로 풀어보겠다. 임진왜란과 정유재란 시기에 선조가 보여준 리더십은 정의와 관련된 핵심적인 문제들을 응축하고 있다.

선조는 국가의 존망이 달려 있는 중대한 결정의 순간에 과연 왕권을 공정하고 효과적으로 사용했는가? 선조는 편협한 개인적 이해관계보다 공동체 전체의 이익을 앞세울 만큼 의로운 성품을 가진 군주였는가? 선조는 이순신과 원균의 능력에 합당한 지위와 권한을 부여했는가? 이순신이 겪은 파직과 고문의 고통은 과연 정당한 것이었는가? 그리고 원균이 부여받은 권한과 지위는 그의 능력과 용맹에 비해 지나치게 과분한 것은 아니었는가?

역사학계 주류 해석에 따라 답변해보면, 임진왜란 시기 선조의 왕권 행사는 매우 불공정했고, 이순신은 조정으로부터 마땅히 받아야 할 보상을 받지 못했으며, 원균은 능력 이상의 권한과 보상을 받았다. 이 때문에 원균이 이끈 조선의 수군은 궤멸하여 이순신은 남은 13척의 배로 133척의 왜선과 맞서야 했다.

왜군이 퇴각하고 마침내 정유재란이 종결되자 조정에서는 다시 한 번 논공행상을 둘러싼 논란이 일었다. 공신 추천의 책임을 맡았던 이항복은 선조에게 이순신과 권율을 1등 공신으로 그리고 원균과 김시민 등을 2등 공신으로 추천했다. 하지만 서인들의 요구와 선조의 압력 때문에 이항복은 애초의 결정을 번복하여 원균을 1등 공신으로 추서했다. 이에 대해 사관은 "원균은 함선을 침몰시키고 군사를 해산시킨 죄가 크다"며 비판적으로 기록했다.(『선조실록』) 이보다 앞서 비변사(조선 중기 이후 군사업무를 비롯하여 국가의 중요 문제를 논의하던 문무합의기구)가 칠천량전투에서 대패한 원균의 처벌을 강력히 건의한 바 있었다. 하지만 선조는 원균만의 잘못이 아니라며 비호했다. 이에 한 사관은 『선조실록』에 다음과 같이 기록했다.

한산도에서 남김없이 패전한 원균은 시장에서 책형을 받아 마땅하다. 다른 장졸들은 죄가 없다. 원균은 성질이 포악한 일개 무지한이다. 당초 이순신과 공을 다투며 그를 모함하여 몰아내고 통제사가 되었으며, 단번에 적을 섬멸하겠다고 큰소리를 쳤으나 지혜가 부족하여 패하자 배를 버리고 육지로 도망가는 바람에 장병들을 모두 죽게 했다. 이 죄를 누가 책임져야 하는가. 한산에서 한 번 패하자 이어 호남湖南이 함몰되었고, 호남이 함몰되자 나랏일이 다시 어찌할 수 없게 되어버렸다. 현 상황을 보니 가슴이 찢어지고 뼈가 녹으려 한다.

이처럼 정유재란 이후 논공행상 과정이 공정성 시비에 휘말림으로써 조선의 정국은 분열되었다.

임진왜란을 전후한 시기에 선조의 왕권 행사와 조정에서의 논공행상에 관한 논란은 리더십과 정의 그리고 국가의 안정 사이에 존재하는 밀접한 연관성을 보여준다. 그것은 통치 권력의 행사에는 정의의 문제가 수반되며, 모든 논공행상 관행의 핵심에는 정의의 문제가 게재되어 있다는 것, 그리고 정의가 무시되거나 침해될 때에는 공동체 전체가 위기에 빠질 수 있다는 사실을 보여준다. 임진왜란 당시의 선조처럼 리더십을 불공정하게 행사하게 되면 공동체는 이중의 위험에 노출될 수 있다. 먼저 유능한 인재들이 적재적소에 임용되지 못해 국가통치가 비효율적으로 되거나 왜란기의 조선처럼 존망의 위기에 처할 수 있다. 동시에 부당한 몫을 받았다고 느끼는 개인과 집단들이 리더십의 공정성에 불만을 품어 나라가 흔들릴 수도 있다. 이와 같은 관점에서 보면, 리더십의 정당성과 국가사회의 안정은 사회구성원들 모두가 각자의 응분의 몫을 받게 될 때, 다시 말해 정의가 구현될 때 확립된다고 할 수 있다.

정치적 정의와 사회정의

주지한 바와 같이 정치적 정의는 다른 모든 사회정의를 강제할 수 있는 국가의 정의로움과 관련되어 있는 만큼 사회정의의 온전한 실현을 위해서 반드시 필요하다. 자유주의 국가가 모든 시민에게 '동등한 배려와 존중'을 보여주지 못하거나, 다수결 민주주의 방식에서 소수자가 영구적으로 희생당하거나, 국가적 리더십의 불공정한 행사와 공무원들의 부패로 국가의 정의로움이 크게 손상될 경우에는, 사회정의의 지속적인 실현이 불가능해진다.

하지만 정치적 정의가 사회정의의 온전한 실현에 반드시 필요하다는 주장은, 정치적 정의가 다른 사회정의의 실현을 일방적으로 결정한다는 의미는 아니다. 반대로 사회정의의 실현이 정치적 정의 실현에 필요할 수도 있다. 예컨대, 정치적 정의와 밀접한 연관성을 갖고 있는 법적 정의의 실현 없이는 정치적 정의 자체가 실현되기 어렵다. 만일 사법부가 정권의 외압 때문에 법을 왜곡되게 해석·판결하여 민주적 절차로 당선된 이에게 당선무효 판결을 내린다면 정치적 정의는 실종되고 말 것이다. 헌법재판소에 맡겨진 정치적인 소송사건이 헌법재판관들의 편파적인 태도 때문에 왜곡되게 결정된다면 그 또한 정치적 정의에 큰 타격을 입힐 것이다. 더구나 이런 부류의 판결은 정치과정을 통해 시민사회에 영향을 미침으로써 사회정의의 전반적인 실현에 부정적인 영향을 미칠 수 있다.

이처럼 법의 지배가 온전히 실현되는 것은 정치적 정의 실현의 필수조건이다. 방금 살펴본 것처럼 사법부가 부패해서 법의 지배가 제대로 실현되지 않는다고 가정해보라. 그러면 국가 전체에 대한 시민들의 불신과 불만이 팽배해져서 결국에는 정치적 정의 실현도 어려워지게 될 것이다. 이런 관점에서 보면, 2015년 OECD가 제시한 보고서는 한국 사회의 정의 수준과 관련하여 의미하는 바가 크다. 보고서는 사법제도에 대한 국민들의 신뢰도를 비교하고 있는데, 한국이 42개 국가 중 39위라는 충격적인 내용을 담고 있다. 사법제도를 신뢰하는 한국 국민은 단 27%에 불과했다.(정부에 대한 신뢰도는 34%로 사법제도보다는 낮지만 마찬가지로 하위권에 머물고 있다.)

나아가서 경제적 정의 또한 정치적 정의를 실현하는 데 중요한 조건이 된다. 만일 한 사회의 빈부격차가 심해졌다면, 이는 정치과정에 매우 부정적인 영향을 미침으로써 정치적 정의를 훼손하게 될 것이다. 주지하듯이, 민주정치가 구현하고자 하는 핵심 가치는 정치적 평등주의다. 하지만 가난한 사람들이 정치에 신경 쓰기 힘든 현실을 생각할 때 경제적 불평등의 심화는 경제적 하층민들의 정치적 영향력을 축소시킴으로써 정치적 정의를 왜곡시킬 수 있다.

그러므로 정치적 정의가 다른 사회정의 실현에 선결요건이라는 주장은 정치적 정의가 일방적으로 다른 정의 실현을 결정짓는다는 것을 의미하는 것이 아니다. 그보다는 정치적 정의가 사회정의의 구현을 위해 중요하기 때문에 가장 우선적으로 실현될 필요가 있음을 강조하는 것일 뿐이다. 정치적 정의의 우선성에 대한 강조는, 정치적 정의 역시 다른 사회정의 없이는 온전히 실현될 수 없기 때문에, 각 영역에서의 정의들이 서로 도우며 기능할 수 있도록 '동시적으로' 실현될 필요가 있다는 주장과 결코 상충하지 않는다. 대부분의 현대 서구 국가가 공적 연금, 의무교육, 의료보험 그리고 재분배정책으로 대변되는 사회정의의 주된 요소들을 국가정책의 핵심적인 내용으로 삼고 있는 현실은, 정치적 정의가 다른 사회정의 실현의 조건이 된다는 사실과 사회정의 실현이 국가의 정당성을 담보할 수 있는 중요한 조건이라는 사실을 동시에 보여준다고 하겠다.

15장

시민의 성품과
정의로운 사회

사회정의 및 정치적 정의와 관련하여 마지막으로 생각해보아야 할 문제는 국가의 정의로움과 개인의 의로움 사이의 연관성이다. 이 문제는 정의롭다고 여겨지는 어떤 제도를 채택하는 것만으로 그 제도가 구현하고자 하는 가치와 이상이 자동적으로 실현될 수 있는가 하는 의문에 바탕을 두고 있다. 만일 정의롭다고 여겨지는 제도를 채택했는데, 사람들이 그 제도가 잘 운용되는 데 필요한 역할을 제대로 수행하지 못할 때도 국가는 정의로울 수 있는가? 이 문제는 정치적 정의의 성패와 관련된 매우 중요한 이슈이다. 아무리 완벽한 정치제도를 구비했다고 해도 그 제도를 움직이는 공무원이나 시민의 덕성이 부족하다면 정치적 정의가 구현되기 어렵기 때문이다.

개인의 덕성은 일차적으로 개인의 행위와 성품에 관련되어 있기 때문에 정치적인 정의와 무관하다고 생각하기 쉽다. 하지만 개인의 행위와 성품이 정치제도를 운용하는 데 중요한 변수로 작용할 때는 그것을 개인적 문제로만 간주하기 어렵다. 예컨대 개인의 덕성에 따라 정치적 지위를 부여하고자 한 아리스토텔레스의 접근방식은 정치적 정의와 개인의 성품 사이에 밀접한 연관성이 있다는 인식을 반영한다.

개인의 성품과 정치적 정의 사이에 존재하는 연관성을 이해하기 위해서는 개인의 행위가 정치적 정의와 맺고 있는 관계부터 검토해야 한다. 이 경우 먼저 국가의 공식적인 제도 안에서 행위하는 공무원과 그 바깥의 일반 시민들로 구분하는 것이 중요하다. 이는 양자의 행위가 국가의 정의로움에 영향을 미치는 정도가 다르기 때문이다. 예를 들어 일반 시민이 국가의 법률을 실수로 위반할 때는 그 개인의 행위가 국가의 정의 자체를 심각히 훼손한다고 보기 어렵다. 법률을 빈번히 위반할 정도로 그 사람의 성품에 큰 문제가 있다고 해도 달라질 것은 없다.(하지만 대다수 국민이 빈번히 혹은 습관적으로 불법행위를 저지른다면, 다른 나라 사람들은 그 국가를 전반적으로 부정의한 국가로 여기게 될 것이다.)

하지만 공무원은 사정이 다르다. 공무원은 상황에 따라서 국가의 정의에 크나큰 영향을 미칠 수 있다. 만일 어떤 공무원이 실수로 공무를 잘못 처리했다고 가정해보자. 그 공무원의 행위가 단순한 실수였다면 국가의 정의로움은 큰 타격을 입지 않을 것이다. 그가 저지른 실수는 피해자에게 적당한 보상을 해주거나 동일한 실수를 저지르지 않음으로써 비교적 쉽게 회복할 수 있다. 하지만 그 공무원이 단순히 실수가 아니라 반복적으로, 그리고 의도적으로 유사한 비리나 실수를 저지른다고 가정해보자. 이때는 사정이 다르다. 이런 경우에는 그 공무원의 성품 자체에 문제가 있기 때문에 그가 공직에서 물러나지 않는 한 국가의 정당성과 권위를 계속해서 훼손할 가능성이 크다. 이 공무원이 계속해서 공무를 수행한다면 일반 시민들은 그의 비리를 순전히 개인적인 것으로 여기지 않고 국가 또는 정부의 잘못으로 바라보게 된다. 더구나 이런 비리와 권력남용을 일부 극소수 공무원만이 아니라 다수 공무원이 저지른다면, 그에 비례하여 국가의 정의로움은 더욱더 타격을 입게 된다.

공무원의 부패와 국가의 정의

공무원의 비리와 부패가 국가의 정의, 곧 정치적 정의에 타격을 입히는 일은 입법·행정·사법의 모든 부서에서 발생할 수 있다. 입법부의 경우에는, 로비스트에게 매수된 의원들이 특정 기업이나 산업에 특혜를 주는 법을 제정함으로써 다른 기업이나 산업에 부당한 손실을 입힐 수도 있다. 행정 공무원의 경우에는, 정부사업을 맡길 사업체를 선정하는 과정에서 특정 기업의 청탁을 들어주는 대가로 거액의 뇌물을 챙길 수 있고, 세금을 부과하고 징수하는 과정에서 특혜를 주기도 하고 세무조사 위협을 가함으로써 뒷돈을 챙길 수도 있다. 그리고 판사들의 경우에는 외압이나 청탁을 받고 판결을 편파적으로 내리는 식으로 법적 정의를 훼손시켜 국가의 정의에 큰 타격을 가할 수 있다. 이처럼 정부 모든 부서의 공무원들은 일반 시민과 달리 정치적 정의를 훼손할 수 있기 때문에 그 개인의 성품이 정치적 정의의 실현 여부에 적지 않은 영향을 미치게 된다.

"군사기밀" 장막 뒤 그들만의 무기 거래…'군피아' 놀이터로

하지만 이와 같은 일반론을 기본으로, 하급 공무원과 고위 공무원의 차이를 언급할 필요가 있다. 국세청이나 세관 등에서 근무하는 특수한 경우를 제외하면, 하급 공무원이 국가의 정의를 훼손할 수 있는 정도는 고위 공직자에 비해 미미하다고 볼 수 있다. 예를 들어 남북대치의 상황 때문에 대한민국은 해마다 엄청난 액수의 무기를 수입하고 있는데, 그만큼 비리사건도 자주 벌어진다. 2015년 여름에 합동수사단이 밝혀낸 바에 따르면 방위산업 비리액수가 1981억 원이었고, 그 비리에 연루된 군 관련 인사만 해도 장성 5명을 포함해 15명에 달한다고 한다. 이른바 '방산비리'는 해당 방위사업의 규모가 클수록 어김없이 발생해왔는데, 국방의 의무를 책임진 군 장교들이 주도적으로 개입했다는 점에서 사병이나 일반 공무원들이 저지른 사소한 부정의와는 차원이 다르다. 더욱이 이런 비리는 이적利敵 행위나 다

15장 시민의 성품과 정의로운 사회

고위 공직자나 공공기관 임원들의 '자식 사랑'은 취업 포기 상태에 이른 다른 구직자들에게 박탈감과 좌절감을 안기는 사회악이다.
(ⓒ미디어카툰 김은영)

를 바 없는 부정의로써 국가에 대한 국민들의 불신을 크게 높인다.

국회의원이나 정부의 유력한 지위에 있는 고위 공무원의 취업청탁 역시 국가의 정의를 근본적으로 뒤흔들 수 있는 중대한 사안이다. 현재 대한민국의 청년들은 정체된 경제성장으로 인해 꿈과 희망을 잃어가고 있다. 오랜 세월 각고의 노력 끝에 명문대학을 진학한 대학생들조차 자신의 꿈을 이루기 위해 좋은 직장에 들어가리라는 기대를 접고 있다. 대학 진학에 실패하거나 명문대학에 들어가지 못한 대다수 젊은이들의 처지는 말할 것도 없다. 이런 상황에서 고위 공무원들의 자녀 취업청탁 비리는 가뜩이나 실의에 빠져 있는 청년들을 한 번 더 짓밟는 부정이라고 할 수 있다. 막강한 권한을 이용하여 자신의 자녀를 부당한 방식으로 좋은 직장에 취직시키는 관행은 어제오늘의 일은 아니다. 하지만 그나마 경제가 급속히 팽창해갔던 고도성장 시기에는 나날이 좋은 일자리들이 만들어졌기 때문에 누구나 노력만 한다면 괜찮은 직장을 구할 수 있었고, 따라서 고위 공직자들의 취업청탁 비리를 심각한 부정의로 인식하지 않았다. 또한 시민의식이 아직 성숙하지 않았던 과거에는 국민 다수가 고위 공직자의 취업청탁을 그들의 특권으로 간주하는 경향이 있었고, 자신들도 그런 자리에 있다면 자식을 위해 취업청탁을 할 것이라고 생각했다. 더구나 과거에는 시험으로 채용되는 특정한 직위를 제외하면 모든 직종과 직위에서 인사문제가 불투명하게 진행되는 경향이 있었기 때문에 취업청탁 비리가 외부로 잘 알려지지도 않았다.

하지만 지금은 모든 것이 달라졌다. 과거와 같은 고도성장은 더 이상 기대할 수 없으며, 좋은 일자리도 대량으로 만들어지지 않는다. 고용 없는 저성장이 시대적인 추세가 되었기 때문에 화려한 스펙을 갖춘 소수의 구직자만이 경쟁에서 살아남을 수 있다. 이런 상황에서 고위 공직자들이 자녀를 좋은 직장에 밀어넣는 반칙을 한다면, 청년들의 좌절과 분노는 더욱 깊어질 수밖에 없다. 심지어 그런 수혜를 받지 못한 구직자들은 자신의 부모를 원망하기도 한다. 부모가 그런 지위에 있었다면 자기도 그런 좋은 자리를 쉽게 얻을 수 있었을 텐데 하고 푸념하면서 말이다.

최근 유행하는 '망한민국'이나 '헬조선'과 같은 신조어들은 꿈을 잃어버린 청년들의 암울한 현실을 반영하고 있다. 차라리 다 같이 망해버렸으면 좋겠다는 자포자기적인 절망이 그 말에 서려 있다는 점에서 섬뜩하기조차 하다. 또한 그 용어들은 기성세대에 대한 적대감과 불만을 담고 있다. 청년 세대의 필요와 기대는 아랑곳하지 않고 자기 세대의 안위와 부 축적에만 혈안이 된 기성세대의 이기적인 행태에 대한 원망과 분노가 담겨 있는 것이다. 기성세대는 자신들의 부를 증식하기 위해 부동산 가격을 천정부지로 올려놓았고, 정부는 경제성장을 돕는다는 미명하에 집값 폭등을 앞장서 지원했다. 그 결과 오늘날 한국 사회에서 청년 세대들이 주택을 소유한다거나 저가의 전셋집을 얻는 것은 거의 불가능해졌다. 부자 부모를 둔 소수의 운 좋은 젊은이들을 제외하면, '내 집 마련'은 아예 기대할 수 없는 꿈이 되어버렸다.

'고용 없는 성장'은 이들의 처지를 더욱 비참하게 만들고 있다. 어른들은 젊은이들이 도전정신이 없다고 비난한다. 하지만 그런 비난은 기성세대의 책임을 젊은 세대에게 전가하려는 발언으로 들릴 뿐이다. 기성세대가 주도하는 한국 사회의 불공정 관행들은 대다수 젊은이들에게는 꿈과 희망을 앗아가는 '망한민국'의 징조인 것이다.

2014년 4월 16일 전라남도 진도군 조도면 부근 해상에서 생떼 같은 수많은 아이들의 생명을 앗아간 세월호 참사는 현재 대한민국에 만연되어 있는 다양한 반칙과 부정의들이 어떻게 국가사회의 비극으로 연결될 수 있는지를 잘 보여주었다. 기업에 특혜를 주거나 그들의 불법행위를 눈감아주는 대가로 거액의 뒷돈을 챙기거나 특혜를 받는 고위 공무원들의 부정의가 이런 비극을 불러왔다. 또한 세월호 참사는 전체 공동체에 엄청난 슬픔을 안겨준 이런 사건이 처리되는 과정에서도 부정한 행위들이 '의연히' 저질러질 수 있다는 뼈아픈 진실을 드러내주었다. '관피아' '모피아'와 같은 일상화된 용어들은 우리 사회에서 국가의 공식적인 기관들과 사기업 사이에 형성되어 있는 더러운 '결속력'을 잘 드러내주고 있다. 이쯤 되면 국가 혹은 국가의 기관들이 기업들과의 이권 결탁을 통해 자신들의 이익을 극대화하려는 일종의 이익집단으로 전락했다는 생각에 이르지 않을 수 없다.

국가는 엄청난 권력과 재원을 활용하여 일개 사기업과는 차원이 다른 불법행위나 부정의를 저지를 수 있다는 점에서 그 해악이 크고 장기적이다. 그리고 국가기관이나 고위 공무원이 저지른 부정의는 국가 자체에 대한 국민의 신뢰도를 급격히 떨어뜨려 국가 정책 수행의 효율성을 떨어뜨릴 뿐만 아니라, 전 사회에 부정의를 확산시킬 수 있다는 점에서 다른 부정의들의 해악과는 차원이 다르다.

공무원의 성품과 국가의 정의

이 대목에서 특히 사법 관련 공무원의 성품이 갖는 중요성은 아무리 강조해도 지나침이 없다. 개인 간 법적 분쟁이나 개인과 국가 사이의 분쟁을 중재하는 판사의 성품이 올곧지 못하여 사회의 다수 여론이나 최고 권력자의 의중에 쉽게 영향을 받는 상황을 가정해보라. 그런 사회에서는 법률의 올바른 해석과 적용을 통해서만 실현될 수 있는 법적 정의—정치적 정의의 한 측면—가 크게 훼손될 수밖에 없고, 그에 따라 국가의 정의로움 역시 큰 손상을 입게 될 것이다. 이는 박정희의 유신독재 시절과 1980년대 전두환 군부독재 시절에 사법부가 저지른 수많은 부정의를 통해 입증된다. 그 당시 독재정권은 민주화 운동을 탄압하기 위해 죄 없는 사람을 수없이 잡아가뒀으며, 북한의 사주를 받은 공산주의자로 몰아 고문했다. 그 대표적인 것이 영화 〈변호인〉으로도 소개된 '부림 사건'이다.

일반적으로 사법부는 헌법과 정의의 최후의 보루로 여겨진다. 사법부에 대한 평가는 국가가 좋은 헌법과 사법제도를 갖추고 있는가의 여부만으로 결정되지 않는다. 헌법이 국민의 기대에 맞게 작동하기 위해서는 그 해석과 집행을 맡고 있는 법관들의 정의로운 성품이 필요하다. 판사들이 승진과 출세를 위해 자신의 목줄을 잡고 있는 대통령과 법무장관의 눈치를 살피고 있는 상황을 가정해보라. 그들은 대통령과 법무장관이 좋아할 판결을 내리게 될 것이며, 그에 따라 사법적 정의의 구현은 요원해질 것이다. 마찬가지로 그들이 대중적인 인기를 얻기 위해 국민 다수의 변덕스런 여론에 따라 판결을 내릴 경우에도 사법적 정의는 실종되고 말 것이다. 나아가서 자신의 개인적인 선호와 이념에 따라 헌법과 법률을 편파적으로 해석·판결한다면, 그 역시 사법적 정의의 구현을 가로막을 것이다. 요컨대 사법 관련 공무원들이 올곧고 강직한 성품으로 사법 판단에 작용하는 온갖 외압을 이겨낼 수 있을 때, 그리고 법의 정신에 대한 투철한 신념과 법조항에 대한 깊이 있는 지식을 통해 사법적 정의를 구현하려고 애쓸 때, 비로소 사법부가 정의의 최후 보루가 될 수 있는 것이다.

이와 더불어 소속은 행정부에 있지만 중요한 사법적 기능을 수행하는 검사와 경찰공무원의 의로운 성품 또한 국가사회의 정의로움에 중요한 영향을 미친다는 점을 강조할 필요가 있다. 이들이 만약 정치권력의 눈치를 보느라 편파적인 수사를 하거나 표적수사를 하고 편의에 따라 기소여부를 결정한다면, 법 집행의 공정성과 형평성이 훼손돼 국가의 정의로움은 실추될 것이다. 나아가 그들이 개인이나 기업들로부터 뇌물을 받고 그들의 부정과 불법행위를 봐주거나 처벌을 경감시켜준다면, 국가의 권위와 정의는 심각히 침해될 것이다.

우리 사회에 큰 충격과 피해를 준 '조희팔 다단계 사기사건'의 진상은 정·관계 및 검찰과 경찰공무원들의 부정부패가 국가의 정의에 얼마나 큰 치명상을 입힐 수 있는지를 다시 한 번 확인시켜주었다. 조희팔은 2004년부터 이른바 '의료기 역렌탈 계약사기 사건'을 통해 약 3만여 명의 투자자들에게 4~5조 원에 해당하는 어마어마한 피해를 입힌 희대의 사기꾼이다. 조희팔은 2008년 자신의 다단계 사기극이 한계에 이르게 되자 전산망을 파괴하고 자산을 현금으로 바꾼 뒤 중국으로 밀항해 종적을 감췄다. 그로 인한 피해자들은 파산과 가정파괴 등 엄청난 고통을 겪었으며 그중 10여 명은 스스로 목숨을 끊기까지 했다.

그런데 조희팔의 다단계 사기극의 배후에 정치인과 공무원들—행정공무원, 검찰, 경찰—이 조직적으로 개입했을 가능성이 짙다. 사건수사 초기부터 그 사건에 상당수 공무원이 개입해 있다는 설이 제기되었고, 실제로도 검찰과 경찰 인사들이 뇌물을 받고서 그에게 협력했다는 사실이 드러났다. 하지만 2012년 5월에 조희팔이 이미 중국에서 사망했다는 뉴스가 관속에 잠든 그의 모습과 함께 전파를 타자 사건수사는 지지부진해져버렸다. 그러나 2012년과 2013년에 중국과 한국에서 멀쩡히 살아 있는 그를 목격했다는 증언이 나왔고, 2015년에는 그의 최측근이 검거되면서 검찰은 조희팔사건을 원점에서 다시 수사하겠다는 방침을 밝혔다.

이 사건에 정치인과 공무원, 특히 법의 집행을 책임지는 (준)사법 공무원들이 얼마나 광범위하게 그리고 얼마나 깊이 개

죽은 줄 알았던 조희팔이 살아 있다는 의혹이 커지면서 검찰과 경찰의 부실 수사와 조희팔과의 관계가 다시 도마에 올랐다. 사법을 담당하는 국가기관이 신뢰를 받지 못하면 사회정의는 빛 좋은 개살구에 머무를 것이다.(한국일보, 2015년 10월 16일)

입했는가에 대한 진상규명은 수사가 진행되면서 밝혀질 것이다. 하지만 그 결과가 어떻든 이 사건에 공무원들이 개입했다는 명백한 사실은 정부의 부정의함을 만천하에 드러냈다. 이처럼 (준)사법 관련 공무원들의 성품이 강직하고 의롭지 못해 법을 불공정하게 집행한다면, 이는 한 개인의 부정의로 그치는 것이 아니라 국가의 부정의로 확대되어 국가 자체의 정당성을 크게 떨어뜨리게 된다.

고위 공무원의 행위나 성품은 개인적인 정의나 부정의 문제에 국한되지 않고 국가의 정의로움에 대한 문제로 확대될 수밖에 없다. 그러므로 국가는 공무원을 채용할 경우 공무수행에 필요한 지식과 기능만을 강조할 것이 아니라, 공정한 성품에도 관심을 가져야만 한다. 어떤 공무원들이 반복적으로 그리고 의도적으로 비리를 저지른다면 그것은 결국 그들을 공무원으로 채용한 국가의 인사체계에 문제가 있다는 의미 아니겠는가.

16장

정의사회,

어떻게

만들 것인가

정의와 관련된 문제에 접근할 때 주의해야 할 점이 있다. 그것은 다른 주제를 다룰 때에도 마찬가지인데, 정의라는 가치를 한 사회가 추구해야 할 유일무이한 절대가치로 생각해선 안 된다는 것이다. 정의라는 가치가 우리의 집단생활에서 절대적으로 필요한 것은 분명하다. 사회가 정의롭지 않을 경우 심각한 불평등과 착취, 억압과 차별이 횡행하고, 사람들의 마음이 불만과 분노, 시기와 미움으로 가득 차서 '만인에 대한 만인의 투쟁'이 일어날 수 있다. 하지만 그렇다고 해서 사회에서 정의만이 중요하다고 말할 수는 없다.

단적으로 말해 매우 정의롭지만 아주 가난한 사회가 있을 수 있고, 정의롭지만 매우 무기력하며 나태한 사회도 있을 수 있다. 또한 매우 공정하고 정의롭지만 위대한 예술과 문화가 전혀 꽃피지 않는 범속한 사회도 있을 수 있다. 이런 사회들은 정의로울지 모르지만 우리가 그다지 살고 싶은 사회가 아닐지도 모른다. 어떤 사람들은 다소 정의롭지는 않더라도 활력과 창의성이 넘치는 사회나, 인간의 위대성과 모험심을 자극하여 도전적인 삶을 살 수 있는 사회를 원할 수도 있다. 많은 사람들이 부정의가 만연했지만 위대한 예술과 문화가 꽃폈던 르네상스 시대의 피렌체를 예찬하는 것을 보면, 정의가 과연 인간사회의 가장 중요한 덕목인지에 대해 의아심을 품게 된다. 요컨대 정의롭고 활력 없는 사회보다는 그다지 정의롭지는 않지만 활력에 넘치고 도전적인 사회가 '좋은 사회'라고 생각할 수도 있는 것이다. 영화 〈제3의 사나이〉의 유명한 대사는 이런 딜레마를 극명히 드러내준다. "이탈리아는 전쟁과 살육이 끊이지 않았지만 미켈란젤로와 다빈치, 르네상스를 낳았다. 하지만 500년간 평화롭던 스위스는 뭘 만들었나? 고작 뻐꾸기시계 아닌가."

이는 우리가 정의의 문제에 접근할 때 다른 중요한 가치들을 제쳐두어야 한다는 생각을 경계하게 만든다. 이 점은 롤스를 포함하여 많은 이론가들이 인정하고 있다. 롤스는 자신의 정의 원칙이 적용되기 위한 전제조건이 있다고 생각했다.(13장에서 살펴본 '정의의 환경'을 떠올려보자.) 그중 한 가지는 비교적 풍요롭고 안정된 경제다. 만일 경제성장이 어느 정도 달성되지 않았다면 희소한 재화를 둘러싼 경쟁이 너무 치열하여 정의로운 분배를 통해 사회를 안정시키려는 노력이 실패할 개연성이 높다. 이처럼 정의의 원칙이 적용될 수 있는 환경이 있다는 생각은 인간 사회가 유지되기 위해서는 정의 이외의 다른 사회적 가치들도 동시에 충족될 필요가 있다는 사실을 말해준다. 지속적인 경제성장이나 튼튼한 안보와 같은 가치도 정의라는 가치에 못지않게 중요하기 때문에, 사회정의 문제에 접근할 때는 반드시 이런 가치들에 대한 영향도 함께 심사숙고해야만 한다. 그렇지 않으면 정의롭긴 하지만 결코 우리가 원하지 않는 사회를 만들 수도 있다.

사회에 필요한 것이 정의만이 아니라는 생각은 정의를 다른 가치들의 적절한 배합으로 보는 절충적인 입장으로 표현되기도 한다. 이를테면 고대 그리스의 플라톤처럼 지혜·용기·절제가 조화를 이룬 상태를 정의로 이해하거나, 현대의 평등주의적 자유주의자들 다수가 그러하듯 자유와 평등의 적절한 조화로 간주하거나, 롤스의 차등원칙처럼 효용 극대화와 필요 원칙 사이의 조화로 이해하는 것 등이 그렇다. 이런 예들에서 알 수 있듯이, 정의는 다른 사회적 이상들과 구분되는 독자적인 이상이라기보다는 사회가 필요로 하는 다양한 이상들 사이에 균형을 잡는 역할을 한다. 특히 현대사회의 지배적인 정의 형태인 사회정의는 개인의 자유와 평등, 효율성과 필요, 경쟁과 공정성과 같은 다양한 가치들을 함께 고려함으로써 사회가 필요로 하는 다양한 목표들을 조화롭게 달성하려는 특성이 있다.

　사회정의를 이처럼 통합적 이상으로 간주하는 것이 옳다면, 지금의 한국 사회에 적합한 사회정의 원칙은 사회구성원들의 일반적인 정의감각에 크게 어긋나서는 안 될 뿐만 아니라 지금 한국 사회가 처해 있는 역사적 상황의 특수성도 감안해서 구성해야 할 것이다. 지금 한국 사회에서는 경제성장과 그 낙수효과를 정의로 이해하는 분위기가 급격히 퇴조하고, 모든 사회구성원이 최소한의 인간다운 생활을 영위할 수 있는 물질적·사회적 조건을 보장받는 것을 사회정의의 주된 내용으로 이해하는 분위기가 형성되고 있다. 한국 사회에 적합한 새로운 정의 원칙은 이렇게 변화하고 있는 다수의 정의감각을 반영할 필요가 있다.

하지만 새로운 정의관은 한국 사회가 현재 저성장 현상에 빠져 있다는 사실도 충분히 감안해야 한다. 신자유주의적 보수주의자들이 항상 그렇게 주장해왔듯, 만일 한국 사회의 저성장이 분배적 정의에 대한 과도한 관심 때문이라면, 지금의 한국 사회에 적합한 정의 원칙은 상대적으로 평등주의적인 성격이 강한 롤스의 차등원칙보다는 최소생계보장과 능력주의를 결합한 정의 원칙을 채택하는 것이 필요할지도 모른다.(물론 극단적인 신자유주의자들은 최소생계보장 정책도 철폐하거나 최저생계비 수준을 더 낮추어야 한다고 주장할 수 있다.) 반대로 지금의 한국 사회가 처해 있는 상황이 오랫동안 지구촌을 휩쓴 신자유주의에 편승한 결과로 발생한 부의 양극화 현상 때문이라면, 보다 강력한 분배적 정의의 실현이 문제의 해법이 될 수도 있다. 분배적 정의는 경제적 하층민에게 보다 높은 구매력을 부여해줌으로써 그들의 삶의 질을 제고시켜줄 수 있을 뿐만 아니라, 내수시장을 담당하고 있는 중소기업들의 수익성을 크게 개선시켜줌으로써 경제성장을 촉진시킬 수도 있다. 그리고 이런 선순환 과정을 통해 사회구성원들은 자기의 능력과 소질을 개발하는 기회를 갖게 됨으로써 장기적으로 잠재성장률과 국가경쟁력을 높일 수도 있다.

지난 30여 년 동안 진행된 신자유주의적 지구화과정이 남긴 부정적인 유산들을 보면, 현재 한국 사회가 계속해서 신자유주의적 정책을 추구하는 것이 현명한가에 대해 깊은 의구심을 품지 않을 수 없다. 만일 신자유주의가 중요한 경제·사회적 문제들에 대한 참된 해결책이라면, 그동안 신자유주의 체제하에서 지구촌이 겪은 몇 번의 경제·금융위기와 지금 대부분의 국가들이 겪고 있는 장기적인 경제침체는 왜 발생한 것인가? 이와 같은 관점에서 생각해보면, 오늘날 경제위기의 가장 큰 원인은 과도한 분배적 정의의 실천 때문이라기보다는, 신자유주의로 비롯된 부의 양극화 현상과 그로 인한 소비부진 그리고 (그와 연관되어 있는) 과잉투자에 있다고 보는 것이 더 타당할 듯싶다. 그리고 이런 분석이 타당하다면, 지금의 한국 사회에 적합한 정의 원칙은 좀 더 분배적 정의의 수준을 높이는 방향으로 구성되는 것이 바람직하다.

다문화시대와 정의론

정의로운 사회를 위한 실천 전략을 세울 때 오늘날과 같은 다원주의 사회에서 특별히 유의해야 할 점이 있다. 다원주의 사회는 조선시대나 중세 유럽의 기독교 사회 그리고 이슬람이 지배하는 중동 사회와 달리 다양한 종교와 도덕, 그리고 가치관들이 공존하는 사회이다. 우리나라를 포함한 대부분의 현대 국가에서는 하나의 지배적인 가치관이 존재하지 않는다. 서로 우열을 가릴 수 없는 다양한 종교와 문화 혹은 삶의 방식들이 공존하고 있다. 이런 사회에서는 정치권력이 어떤 하나의 이념이나 원칙에 따라 사회를 통합적으로 운용해나가기 어려우며, 그렇게 하고자 할 때는 그 이념이나 원칙을 받아들일 수 없는 집단의 완강한 저항에 부딪히게 된다. 그러므로 이런 다원주의 사회에서는 다양한 견해들을 절충시킨 타협적인 정책을 세우는 경향이 강하게 나타난다. 현대 정의 이론들의 절충적 성격은 현대사회의 이와 같은 특징을 반영한다.

이런 정황은 사회정의의 구체적인 실현방법과 관련해 중요한 함의가 있다. 그것은 특히 4장에서 설명한 소극적 정의와 적극적 정의의 구분과 관련되어 있는데, 이 두 가지 정의 개념을 어떤 순서로 실천할 것인가 하는 문제로 귀착된다. 앞서 설명했듯 적극적 정의는 이미 정해진 정의 원칙들을 적극적으로 이행함으로써 실현된다. 예를 들어 능력주의 원칙은 능력의 정도에 비례하여 사회적 부와 재화를 정확히 분배할 때 실현되며, 필요에 따른 분배는 구성원의 필요의 정도에 따라 분배할 때 실현된다. 현대사회는 서로의 가치가 다양하기 때문에 사회정의 원칙을 구성할 때도 이렇듯 서로 다른 분배 원칙들을 적절히 절충해야 한다. 하지만 그런 식으로 구성된 정의 원칙은 사람들로부터 적극적인 동의를 얻어내기 어렵다. 특정한 종교나 가치관을 갖고 있는 사람들은 그런 절충적 원칙이 모순적이라고 생각하며 적극적인 지지를 보내지 않기 때문이다. 더구나 아무리 다양한 원칙들을 절충하여 구성한 정의 원칙이라 하더라도 사회의 모든 가치관이나 욕구를 다 담아낼 수는 없다. 그래서 여러 정의 원칙들을 타협·절충시켜 구성한 정의 원칙을 적극적으로 실행하려고 하면 사회 도처로부터 의외의 저항에 직면할 수도 있다.

이런 관점에서 보면, 현대사회의 다원주의는 소극적 정의의 상대적 이점을 부각시켜준다. 현대사회에서는 가치관이 너무 다양하기 때문에 정의사회에 대한 단일한 비전을 구성하기가 어렵다. 어떤 이들이 정의롭다고 여기는 사회를 다른 이들은 정의롭지 않다고 생각할 수 있다. 보다 평등한 사회를 꿈꾸는 사람들에게 능력주의 사회는 끔찍한 저주가 아닐 수 없으며, 소수의 창의적인 엘리트들이 사회발전을 주도해가는 위대한 사회를 꿈꾸는 사람들에게 모두가 평등한 사회는 무미건조하고 범속한 사회가 아닐 수 없다. 현대사회에서는 사회정의에 관한 단일한 비전을 합의해내기도 어려울 뿐만 아니라 그것을 실천하는 과정에서 적지 않은 저항에 부딪힐 수 있다.

하지만 현존하는 부정의들의 시정에 초점을 두는 소극적 정의는 비교적 사회적인 합의를 얻기 쉽고, 그것을 실천해나가는 과정에서 대대적인 저항에 직면할 개연성이 낮다. 소극적 정의는 정의로운 사회에 대한 공동의 비전에 입각해 있다기보다는 모두가 피하고 싶은 공동의 부정의가 사라진 사회를 꿈꾸기 때문이다.(사회의 대다수 구성원은 어떤 종교와 가치관을 갖고 있든 강

다문화인 10년새 4배 폭증… 백의민족 '색깔' 바뀐다

단일민족을 자부해온 한국도 이제는 명백한 다문화사회로 접어들고 있다. 단일한 민족이, 단일한 가치관을 가지고 살아가는 국가사회는 현대에는 존재하지 않는다. 현대사회의 정의관 역시 이런 변화를 반영해 여러 가치를 포용할 수 있도록 구성될 필요가 있다.(한국일보, 2010년 6월 16일)

도, 강간, 살인, 그리고 극심한 불평등과 착취와 같은 현상을 부도덕하거나 부정의한 행위로 여길 것이다. 반면에 삶의 목적이나 이상에 대해서는 생각을 달리할 가능성이 높다.) 소극적 정의의 이런 특성은 소극적 정의가 신자유주의적 지구화로 인해 심화된 불평등이나 착취와 같은 명백한 부정의를 시정하는 데 보다 적합한 접근방법이 될 수 있음을 시사한다.

아무리 정의롭고 좋은 사회라 하더라도 기존의 정의 원칙들만으로는 완전히 해결할 수 없는 부정의들이 존재한다. 다문화사회에서 소수 인종집단의 구성원들은 유무형의 차별과 냉대로 인해 경제적으로도 열악한 지위로 떨어질 가능성이 높고, 심각한 심리적 소외 상태에 빠질 수도 있다. 또한 동성애자들과 같이 주류 인종집단에 속하지만 문화적으로 소수자에 속하는 사람들도 비슷한 상황에 처할 수 있다. 이 경우 공정한 기회 평등 원칙이나 필요에 따른 보상 원칙을 결합한 정책만으로는 소수

인종·문화집단들이 겪고 있는 차별과 소외를 근본적으로 해소시키기 어렵다. 한시적으로나마 그런 부정의를 시정할 수 있는 정책들을 별도로 마련할 필요가 있는 것이다.

하지만 앞에서 보았듯이 소극적 정의와 적극적 정의를 대립적인 개념으로 볼 필요는 없다. 장기적으로 볼 때 소극적 정의는 적극적 정의 원칙을 구성하는 데 영감을 줄 수 있고 실제로 적극적 정의로 수용되는 경향이 있기 때문이다. 빈민법이나 구빈법과 같은 법규들은 사회주의 사상과 문명의 발전을 계기로 '필요에 따른 분배'라는 형식으로 적극적 정의에 통합되었다. 또한 봉건사회의 신분제는 이를 부정의로 인식하게 된 진보적인 사회세력들의 저항으로 사라졌으며, 인간의 평등성과 존엄성 명제는 근대적 사회정의 이론들의 공통된 윤리적 토대로 수용되었다. 이처럼 장기적으로 볼 때 이 두 가지 정의들은 대립적인 관계에 있다기보다는 상보적인 관계를 이루고 있다.

그럼에도 불구하고 소극적 정의는 그것이 극복하고자 하는 부정의의 심각성 때문에 적극적 정의보다 더 긴급히 실천되는 경향이 있다. 어떤 이상적인 정의사회를 추구하는 것은 먼 미래의 목표로 설정되는 경우가 많다. 하지만 우리 눈앞의 심각한 부정의들은 지금 당장 희생자들의 현실을 절망스럽게 짓누르고 있기 때문에 신속히 제거될 필요가 있다. 그렇기에 소극적 정의는 사회구성원 다수의 동의를 얻기 쉽고 그만큼 정책적 적실성과 실효성을 갖추기 쉽다.

물론 보다 장기적인 관점에서 보면 적극적 정의 또한 좋은 사회를 구현하는 데 반드시 필요하다. 정의가 적극적으로 추구되며 이루어지고 있다는 생각은, 사회구성원들에게 자신들이 살고 있는 사회가 공정하고 정의롭다는 자부심과 긍지를 느끼게 해준다. 뿐만 아니라, 자신이 동료 시민들과 국가로부터 평등하고 존엄한 사회의 일원으로 대우받고 있다는 자존감을 심어주고, 자신들이 수행하는 역할과 행위가 그에 합당한 보상을 받고 있다는 만족감의 토대가 된다. 이런 상황은 다양한 사회집단들 사이의 상생과 협력을 이끌어냄으로써 사회통합에도 긍정적인 영향을 미친다. 이처럼 적극적 정의 또한 결코 포기해서는 안 될 중요한 사회적 목표다.

사회정의와 민주주의

이 맥락에서 민주주의가 정의와 맺고 있는 관계를 새롭게 정리해보자. 소극적 정의는 적극적 정의에 비해 민주주의와 친화성이 강하다. 사회의 다수가 명백한 부정의로 인식하는 사회문제를 해결하는 것을 정의의 일차적 목표로 삼기 때문이다. 그리고 민주주의에서는 새로운 부정의가 등장할 때마다 민주적 정치과정을 통해 그것이 명백한 부정의임을 비교적 빠르게 합의하여 대안을 찾을 수 있다.

한편 적극적 정의가 민주주의와 맺고 있는 관계는 이중적이

16장 정의사회, 어떻게 만들 것인가

다. 민주주의는 특정 시점에 사회정의에 관한 하나의 비전을 세우는 데 필요한 절차를 마련할 수 있다는 점에서 사회정의와 긍정적인 관계를 맺고 있다. 롤스가 정의 원칙을 구성하기 위해 사용한 원초적 상황은 심의민주주의 절차와 유사하다. 이는 평등하고 합리적인 개인들이 다양한 원칙들을 검토하여 관련 사회에 가장 적합한 정의 원칙을 선택하는 절차이기 때문이다. 이런 절차를 통해 구성된 정의 원칙은 심의민주주의의 결과라는 점에서 민주적 정당성을 얻는다.

그런데 이렇게 구성된 정의 원칙들 중 일부는 한 사회의 헌법에 포함돼 확고한 정의 원칙으로 작동하게 되는데, 이 과정에서 민주주의와 충돌할 개연성이 있다. 다수가 다수결 민주주의를 통해 소수의 참정권을 배제하거나 소수를 억압하는 정책을 결정하는 경우처럼, 한 사회의 기본적인 정의 원칙에 위배되는 정책은 민주적 과정을 통해 결정됐어도 정당성이 없다. 이처럼 적극적 의미의 정의는 민주주의와 서로 대립할 수 있는 반민주적 성격도 아울러 지니고 있다.

오늘날과 같은 다원주의 사회에서 정의를 구현해가기 위해서는 먼저 소극적 정의의 실현에 더 치중할 필요가 있다. 하지만 장기적으로는 적극적 정의에 관한 비전 역시 심의민주주의를 통해 모색해야 할 것이다. 이 경우 심의민주주의의 틀은 한 사회가 채택할 '영구적인' 정의 원칙을 모색하기보다는 현존하는 정의 원칙을 끊임없이 심사숙고하고 개선할 수 있는 계기를 반복적으로 제공해야 한다. 그럴 때만 심의민주주의가 새로 발생한 부정의에 대한 불만과 비판을 적극적인 정의 원칙들로 전환시킬 수 있는 능력을 갖추어 사회를 더 정의로운 사회로 만드는 데 기여할 수 있다.(그리고 이런 선순환 관계가 형성되기 위해서는 심의민주주의가 먼저 다양한 집단의 이익이나 관점을 공정하게 반영할 수 있도록 운영되어야 한다. 즉 심의민주주의 수립 자체가 시민들 사이의 평등을 기본적 정의로 수용하고 있다고 볼 수 있다.) 정리하자면 현대의 다원주의 사회에서는 먼저 소극적 정의의 실현에 우선하는 한편, 심의민주주의의 지속적인 작동을 통해 사회의 다수가 수락할 수 있는 적극적 정의의 비전을 거듭 모색하는 것이 바람직하다.

질적으로 훌륭한 민주주의는 그 자체로 높은 수준의 정치적 정의를 구현한 것이다. 또한 민주주의는 소극적 정의를 구현하고 적극적 정의의 원칙들을 (심의를 통해) 모색하고 개선시켜나가는 데도 필수적이다. 나아가서 전체 사회가 법의 지배를 통해 공정하게 관리되도록 함으로써 모든 사회구성원에게 준법정신과 정의감을 고취시킬 수도 있다. 이처럼 질적으로 좋은 민주주의는 사회정의의 모든 원칙들이 정상적으로 작동할 수 있게 해주는 가장 근본적인 조건이다.

정의로운 사회는 그 효율성과 상관없이 그 자체로서 높은 가치가 있다. 그것은 구성원들에게 자부심과 긍지의 원천이 된다. 그래서 다소 비효율적이더라도 정의로운 사회는 그보다 효율

한국 사회의 구성원들은 어떤 정의를 원하는가? 오늘날 한국 사회가 해결해야 할 과제는 무엇인가? 새로운 정의 원칙을 세우고자 할 때 무엇보다 먼저 물어야 할 질문들이다. 정의의 이론과 구체적 현실이 조화를 이룰 때 활력 있는 정의 원칙이 세워질 것이다.
(경향신문, 2013년 1월 1일)

적이지만 부정의한 사회보다 더 큰 매력이 있다. 고도성장 단계에서는 정의 의식이 다소 낮았지만 효율성을 추구해왔다.(혹은 효율성이 정의로 통해왔다.) 하지만 경제규모가 커지면서 성장의 속도에 한계가 생겼으며, 그와 동시에 정의로운 분배에 대한 많은 요구들이 등장했다. 성장이 다소 느려지더라도 더 정의로운 사회가 수립되는 것이다. 우리나라는 지금 이 과도기에 있다. 부정의하지만 효율적이었던 사회에서 부정의가 성장에 방해가 되고 있는 단계에 진입한 것이다.

지금의 한국 사회에서 정의에 관한 요구는 두 가지 방향에서 제시되고 있다. 그 한 가지는 정의 자체의 중요성을 강조하는 입장이며, 다른 하나는 정체된 경제를 극복하기 위해서, 다시 말해 경제적 효율성을 향상시키기 위해서 사회정의가 필요하다는 입장이다. 여기에 여전히 효율을 위해 정의의 실현을 유보해야 한다는 과거 지향적 태도가 맞서고 있다. 하지만 이런 과거 지향적 태도에서 비롯된 현재의 경제적 위기는, 정의로운 사회는 그 자체로 가치 있으며 경제성장을 위해서도 사회정의가 필요하다는 주장의 타당성을 그 자체로 증명하고 있다.